一流は何を考えているのか

What do first class people think?

YASUO NISHIZAWA
西沢泰生

その他大勢から抜きん出て、
圧倒的な結果を生み出す
「唯一無二の思考」

Gakken

はじめに

人生は「答えのないクイズ」の連続

いきなりですが、ここで小手調べのクイズ。

150キロ超の速球と切れ味の鋭いスライダーを武器に、高校生の頃から「平成の怪物」と呼ばれた大投手・松坂大輔さん。西武ライオンズに入団し、8年間で108勝を上げ、メジャーリーグのボストン・レッドソックスへの移籍が決まります。

Question
問題

松坂大輔さんが、レッドソックスへの入団会見で、「その言葉は嫌いです」と言ったのは、何という言葉だったでしょう?

ヒント
普通の人は、好きな言葉として挙げることが多い、漢字1文字の言葉です。

Answer
答え

「夢」

入団会見で、アメリカ人の記者に「（メジャー入りという）夢が実現した感想は？」と聞かれた松坂さんは、少しムッとした表情でこう答えたのです。

「かなわないのが夢。僕はずっと、ここ（メジャーリーグ）で投げられることを信じて、目標にしてやってきた。だから今、ここにいるのだと思います」

ちょっと失礼な質問に対して、自分にとってメジャーリーグは「夢」などではなく、ただの「目標の1つ」だったと強調したのですね。

松坂さんは、こう公言しています。

「僕は元々、夢という言葉は好きではありません。見ることはできても叶わないのが夢」

「僕は、夢は見ない。常に目標を掲げる」

「夢」と「目標」をきっちりと区別しているのです。

イチローさんが、小学生時代、作文に「将来の夢」として、「一流のプロ野球選手になること」と書いたという話は有名ですが、これも、本人にとっては、「夢じゃなくて目標なんだけどね」という思いだったことでしょう。

「夢は、それに向かって一歩を踏み出した途端、目標に変わる」という言葉があります。

夢をつかむために一番よい方法は、まず、「夢を、夢と思わなくすること」なのではないでしょうか。

さて、続けてもう1問いってみましょう。

あるリサイクルショップで実際にあった話です。

リサイクルショップにとって、「場所を取るのになかなか売れないモノ」の代表的な商品は中古ベッド。その不人気の最大の理由は「かつて、他人が寝ていたことへの抵抗感」なのだとか。そこで、このリサイクルショップでは、中古のベッド売り場にある貼り紙をしました。すると、それだけで売り上げが倍以上になったそうです。

Question

問題

その貼り紙には、いったい何と書かれていたのでしょう?

ヒント

たったひと言で、「他人が寝ていたことへの抵抗感」を軽減させました。

Answer 答え

「どんな高級ホテルだって　ベッドは新品じゃないよ」

たしかに！

ホテルに泊まったら、なんの抵抗感もなくベッドを使います。でも考えてみれば、どんな高級ホテルだって、シーツを変えたりしてベッドメイクするだけで、いちいちお客が変わるごとに新品のベッドに入れ替えるわけではありません。

だったら、中古ベッドにそれほど神経質になる必要はないのでは……。

たとえば、新居の家具をそろえるときなどに、限られた予算のなかで、中古ベッドの購入を迷っていた人の背中を押すのには、十分に説得力を持つ名コピーではないでしょうか。

相手の気持ちを考えた、たったひと言のコピーによって、商品が同じでも売り上げを倍にすることが可能なのです。

商売だけではありません。相手の気持ちを考えた「言葉」を有効に使うと、言われた相手は気持ちよく納得してくれます。

▼知識クイズでも、謎解きクイズでもない、クイズの本

さて、いきなり2問をやってみていかがでしたか?

「『クイズ』といっても、答えを知っているかどうかを問う、『知識クイズ』ではないんだね」

「今、流行りの『謎解きクイズ』には、答えにたどり着くためのヒントが必ず入っているのに、このクイズはヒントが少なくて、答えにたどり着けないよ!」

「実際にあった話なので、一応、答えは1つだけど、いろいろ考えればもっとよい答えが他にもありそう」

はい、まさにその通り!

この本は、知識量を問う「知識クイズ」や、ヒントを読み解けば必ず答えにたどり着ける「謎解きクイズ」の本ではありません。

「実際の出来事」や「有名人・歴史上の人物のエピソード」などを、ある意味、強引にク

イズにアレンジした問題が集められています。

▼「人生のクイズ」は、カンニングし放題！

こんな言葉を聞いたことはありませんか？

「人生でぶつかる問題のほとんどには、明確な答えは存在しない」

言われてみれば……。

「やってみたいことがあるのに、家族が賛成してくれない」
「イベントに向けて準備していたことが、直前でおじゃんに！　どうしよう？」
「新型コロナによって、契約済だった仕事が全部、キャンセルになってしまった……」

そんな「人生」や「ビジネス」の問題にぶつかったとき、そこには、学校のテストの問題のように、1つの明確な答えは存在しませんよね。

もともと学校の試験の問題には、すでに「答え」があります。あなたの理解度をテストするためのもので、人生で遭遇する問題とはだいぶ違うタイプのものとなります。

こうした「人生でぶつかる問題」には明確な答えがない以上、「解決に向けて、どう考えて、何をするか？」は自由。つまり自分次第！

ケースバイケースで、「たぶん、これが最良なのではないか？」という、自分なりの答えを導き出して対応するか、あるいは無視するしかないといえます。

言ってみれば、**人生は、そんな「答えのないクイズ」の連続**です。

さて、そんな「明確な答えのない人生のクイズ」に悩んだとき、おおいに役に立つ必殺技があります。

なんだかわかりますか？

それは、**カンニング**です。

「他の人は、いったいどうしたのか?」を参考にしちゃうのです！
なにしろ、人生のクイズでは、学校のテストと違ってカンニングはやり放題。
だったら、有名人や先人たちの知恵を参考にしない手はありません！

▼解くだけで、人生が好転！

この本には、「避けることができない事態」に陥ったり、「どうしたら解決できるのかわからない問題」に遭遇したりした人たちが、「いったいどうやって、それを解決したか?」という事例がたくさん紹介されています。

ただし、いきなり、彼らがどうやってそれを解決したのかをお知らせせず、前述でお伝えしたように、もったいぶってクイズ形式にしています。

クイズを解いていくなかで、人生に役立ち、好転させるヒントをお伝えできればと思っています。

ですので、どうか1問ずつ、「あーでもない」「こーでもない」と頭をひねって答えを考えてみてください。誰かに先に読んでもらって出題してもらえば、何倍も楽しんでいただだくこともできるでしょう。

そうやって、**自分で考えることで、凝り固まっていた頭がほぐれて、発想が豊かになるはず。そして、「あっ、なるほど！」と思った答えは、より強く記憶に残ります。**

さらに言えば、もしかしたら、本に出てくる人たちがやったことより、もっとよい答えが見つかるかもしれません！

自分で楽しんだあとは、今度は誰かに出題しても楽しめます。

雑談のネタや、議論のきっかけにもご活用いただければと思います。

では、解く（考える）だけで人生が好転するクイズ、ご堪能ください。

西沢泰生

目次

第3章 問題を解決する発想力を養う

第4章　チャンスをつかむきっかけを増やす

CONTENTS

装丁デザイン　菊池 祐
本文デザイン・DTP　荒木香樹
校　正　豊福実和子

第1章

明日を変える行動力を鍛える

藤井聡太、「ここは子どもの来るところじゃない！」と言われて

将棋の天才が、5歳のときに嘆《なげ》いたこととは？

２０２３年10月11日の第71期王座戦で、永瀬拓矢王座を破り史上初の八冠となった藤井聡太さん。将棋の才は幼少からで、将棋を知ってすぐの5歳のときには、ご近所の高齢者用の施設で、複数人を相手に将棋をさしていました。ところがある日、１人の年配者から「ここは子どもの来るところじゃない！」と言われてしまいます。

Question
問題

5歳のとき、高齢者用の施設で、「ここは子どもの来るところじゃない！」と言われた藤井聡太君は、家に帰ってから両親に何と言ったでしょう？

ヒント
切実な嘆きでした。

Answer
答え

「早くおじいちゃんになりたい」

のちに八冠となる藤井聡太さんが将棋を始めるきっかけをくれたのは、藤井さんの祖母でした。おばあちゃんは、5歳になる可愛い孫に、将棋セットをプレゼントしたのです。当然のごとく、藤井さんは異常な早さで上達。おばあちゃんも、将棋好きのおじいちゃんもすぐに歯が立たなくなります。藤井さんは5歳にして、将棋の相手を求めて近所の高齢者用の施設へ行くようになったのです。もちろんここでも強すぎて、すぐに相手がいなくなり、しばらくは1人で「詰将棋《つめしょうぎ》」の問題を解く日々だったそうですが……。

よく「天職」といいますが、これって言い方を変えれば、**「朝から晩までやっていてもまったく苦にならないこと」**です。藤井さんはおばあちゃんのおかげで、わずか5歳にして、「己の天職」と出会うことができたというわけです。

▼お笑い芸人、ナイツの塙宣之《はなわのぶゆき》さんは、かつて、漫才をやっているときに噛《か》んでしまうこと

がよくあったそうです。

練習してもどうしても噛んでしまい悩んでいましたが、あるとき、気がつきました。

「あれ？　大好きな野球や相撲のことをネタにしているときは、ぜんぜん噛まないぞ」

以来、漫才のネタで「好きなジャンル」について語ることに躊躇《ちゅうちょ》がなくなりました。

いい加減、野球の話をしたところで、相方の土屋さんが「野球の話はもういいよ」とツッコむ。それに対して、塙さん。

「じゃあ、ミスターチルドレンの話でもしましょうか。一茂と三奈は……」

「それはミスター（長嶋茂雄さん）のチルドレンだろ！」

こんなボケでも、それまでにないほどドカンとウケたといいます。

▼ある大手のお菓子メーカーのマネジャーさん、部下との面談で、部下がなかなか心を開いて話をしてくれないことに悩んでいました。

何か、「場の空気が和《なご》む話題」はないかと考え、こんな質問を思いつきます。

「ウチの会社のお菓子で、何が一番好きか？」

試しに聞いてみると、部下たちは**「そんなこと、聞かれたのは初めてです」**と大喜び。

どの部下も嬉々として「自分が好きなお菓子」について熱く語ります。おかげで面談はすっかりリラックスムードになり、部下たちの悩みや将来の希望、仕事のアイデアなどを、スムーズに聞き出すことができるようになったそうです。

塙さんの例と同じですね。人は、「大好きなもの」について語るときは、饒舌《じょうぜつ》にもなるのです。

「好きこそ物の上手なれ」。人は誰でも「大好きなこと」ほど力を発揮できます。

自分の得意分野で勝負することが、成功するための最短コースです。

Point
ポイント

自分の天職である「大好き」を早く見つけよう

阪神タイガース岡田監督、フォアボールの数を倍増させたひと言

言葉で伝えるだけでは、言うことを聞いてくれない相手を動かすには？

2023年。プロ野球で日本一となった阪神タイガース。その勝利の大きな要因の1つだったのが、相手ピッチャーから選んだフォアボール（四球）の多さでした。前年まではボール球を振って三振するバッターも多かったにもかかわらず、突然、フォアボールを選ぶ選手が増えた理由。それは、開幕の前日に岡田監督が選手に伝えたあるひと言だったのです。

Question
問題

選手に四球を選ばせるため、岡田監督が伝えたのはどんなひと言だったでしょう？

ヒント
「今シーズンの目標はボール球を打たないことや」ですって？　違います。

Answer 答え

「フロントにかけ合って、今シーズンは、フォアボールはヒットと同等の査定ポイントにしてもらった」と伝えた。

岡田監督は、四球が相手投手に与えるダメージの大きさを重視していました。

そこで、フロントにかけ合って、「フォアボールはヒットを打ったのと同じ査定にする」ことを認めさせ、シーズンが開幕する前日の全体ミーティングで、選手たちにそれを告げたのです。

どんなにコーチから「ボール球に手を出すな」と言われても、「ヒットを打ってナンボ」と思っていたら、選手は自然とバットを振ってしまいます。しかし、**四球がヒットと同等に評価されるというなら話は別。現金な話ですが、阪神の選手たちは、ガラリとボール球を見逃すようになった**のです。

結果、タイガースは、相手ピッチャーから1シーズンで494個のフォアボールを獲得。他のセ・リーグ5球団の平均が364個ですから、その多さがわかります。四球でランナーが溜まることで、得点力も大きくアップしたというわけです。

もちろん、優勝した理由は他にもあります。しかし、フォアボールによって得点力がアップしたことで、もともと防御率がよかった投手陣との歯車が合い、他の5球団すべてに勝ち越します。結果として2位の広島カープに、11・5ゲーム差をつける**ぶっちぎりの優勝につながった**のです。

これ、言わばお金で釣るというニンジン作戦です。なんだかんだ言って、昔も今も「お金」は、仕事のモチベーションアップに直結するもの。誰だって、同じ仕事で給料が20万円の会社と50万円の会社だったら、やる気が倍以上違いますよね。

▼アメリカのあるビジネスコンサルタントの話。

リストにあるお客様へ次々に電話をかけていく、いわゆる電話営業の会社のコンサルを依頼されたときのこと。

従業員たちは、電話で相手から断られることに辟易《へきえき》していて、電話の手が止まっている状態でした。そんな、すっかりやる気をなくしていた従業員たちに向かって、この営業コンサルタントは次のように言います。

「午前中、最初に50人に断られた者に、最高級のランチをご馳走しよう」

これを聞いた従業員たちは大喜び！　われ先に営業の電話をかけ始めます。

そして、相手に断られると「やった、1人断られた！」「よし、また1人断られた」と、どんどんテンションが上がっていきました。

それまでは、相手に断られるたびに落ち込んでいたのに、高級ランチがかかった途端、「早く断ってくれないかな」と、気持ちが180度逆転しました。

結局、「数をこなせば、成約は増える」という営業活動における数の論理が働き、あっという間に売り上げが倍増したのです。

これも、相手の目の前にニンジンをぶらさげることで、テンションを上げることに成功した事例ですね。人に動いてもらいたいときのニンジン作戦は、単純ですが、かくのごとく効果バツグンなのです。

Point
ポイント

「楽しくないこと」は、ご褒美で「楽しいこと」に変える

松下幸之助、奉公《ほうこう》先を飛び出した方法

どうしても奉公先を辞めたくてやったこととは？

パナソニックホールディングスを一代で築き上げ、かつて「経営の神様」と呼ばれた実業家の松下幸之助さん（1894〜1989年）。
奉公先で働いていた15歳のとき、街角で路面電車を見て衝撃を受け、「奉公先を辞めて電気にかかわる仕事がしたい！」と思い立ちます。しかし、恩義がある奉公先は簡単には辞められません。

Question

問題

幸之助少年が、奉公先を辞めるためにやったのはどんなことだったでしょう？

ヒント

奉公先に、「あるウソ」をつきました。

Answer 答え

人に頼んで、自分宛てに「ハハ、ビョウキ」というニセの電報を打ってもらった。

松下幸之助さんは、父親の事業の失敗によって9歳のときに、小学校を中退して奉公に出たそうです。

2軒目の奉公先である自転車屋さんで働いていたある日のこと。

15歳になっていた幸之助少年は配達の途中で、大阪にできたばかりの路面電車を目撃して、衝撃を受けます。

「これからは電気の時代になる！」と直感したのです。

その日以来、路面電車を見るたびに「電気にかかわる仕事がしたい、電気にかかわる仕事がしたい」という思いが高まっていきます。

しかし、自分の立場は奉公人。

恩義がある自転車屋さんに対して「辞める」とは言い出しにくい……。

考えに考えた末、幸之助さんは、**自分宛てに「ハハ、ビョウキ」というニセの電報を打ってもらう**という苦肉の策を思いつきました。

この電報を奉公先の主人に見せて暇をもらい、なんとそのまま、大阪電灯という会社（現、関西電力）に就職してしまったのです。

「えー、松下幸之助さん最低～」って思いますか？

でも、街角で偶然に『未来』を見てしまった幸之助少年にとっては、まさに雷に打たれたような運命の出会いで、沸き上がる思いをどうしても抑えることができなかった。悩んだ末の、やむにやまれぬ選択だったのではないでしょうか？

やりたいことが見つかったのに、どうしても動きが取れないとき。

私は**「嘘も方便」**だと思っています。

たとえウソをついたとしても、自分の人生を優先させるべきだと思うのですが、いかがでしょう？

あっ、松下幸之助さんの名誉のために補足すると、後日、自転車屋さんのご主人に、お詫びと「奉公を辞めたい」という内容の手紙を送っています。

ちなみに、転職した大阪電灯では、とんとん拍子に出世し、最年少で検査員に就任した松下さん。

しかし、自分が開発した電気のソケットを会社がまったく評価してくれなかったことから、22歳のときに退職して独立。

これが、「世界の松下」への道の第一歩になるのです。

Point
ポイント

自分の人生のためなら、ときには「嘘も方便」

松丸亮吾に勉強をさせた母親の言葉

人にやる気を起こさせるには？

テレビで大人気の謎解きクリエイター・松丸亮吾さん。学生時代から謎解きゲームに夢中で、勉強は大嫌いでした。
そんな松丸さんが勉強をするようになったのは、母親のひと言があったからだったのだとか。お母さんは、あるひと言で、松丸さんに1日3時間、勉強させることに成功したそうです。

Question
問題

ゲームに夢中だった松丸さんに、勉強をさせることに成功したお母さんのひと言とは、どんな言葉だったでしょう？

ヒント
お母さんは、ゲームをやることは禁止しませんでした。

Answer
答え

「勉強を3時間やったら、いくらでもゲームをしていいわよ」

実は松丸さん、何をやっても優秀だったお兄さん（メンタリストのＤａｉＧｏさん）への対抗意識から、小学生のときに「東大へ行く！」と宣言したことがあったそうで、受験して第一志望の中学校に入学。しかし、中学に入ってしまうと、宣言とは裏腹にゲーム三昧の日々に。

そんな自分に勉強をさせたお母さんの言葉について、松丸さんはこう回想しています。

「この設定が絶妙だったんです。母親は、やりたいことを人質にしたほうがいいって考えたんです」

これ、よく聞くのは、「ゲームは1日2時間までよ！」と、ゲームをやる時間を制限してしまう親です。でも、これだと、ゲームを2時間やったあとで、勉強をやるとは限りません。もしかしたら、漫画を読んでしまうかもしれない。

ですから、松丸さんのお母さんは、勉強を前に持ってきて、ゲームを後にしたんですね。

これなら大好きな謎解きゲームをやるために、勉強しないわけにはいきません。３時間勉強すれば、あとはいくらゲームをやっても文句を言われないのですから、「馬の目の前にニンジンをぶら下げている状態」。

この母親の策略にまんまとハマった松丸さんは、大好きな謎解きゲームをやりたいために、毎日、3時間の勉強を実行。もともと物覚えがよかったこともあって、成績はグングン上がったのだそうです。

▼勉強嫌いだった松丸さんが、東大に合格することができたのには、もう1つ、やる気となった出来事がありました。

それは、お母さんが亡くなったこと。

「勉強を3時間やったら、いくらでもゲームをしていいわよ」と、松丸さんのやる気を引き出したお母さんは、松丸さんが高校2年生の冬に亡くなってしまいます。

その遺品を整理しているときのこと。

松丸さんは、お母さんが残した日記のなかに、次のようなひと言を見つけてショックを受けたのです。

「亮吾が東大に受かるところが見てみたい」

お母さんは、小学生のときの松丸さんの宣言を覚えていて、楽しみにしていたのです。

このひと言を見つけたことが、松丸さんにとっては、本格的に「東大に行こう」と決心するきっかけになりました。

結果、冬の学力テストでは、校内全体300人中298位だった順位が、春に猛勉強し、次の全校テストでは、校内順位が7位にまで上がったのです。

人間、本気でやる気になると、とんでもない力が出るもの。

おかげで東大に合格した松丸さん。世に出るきっかけになったのは、「東大の謎解き超人」という称号でした。

お母さんが残してくれた日記にあったひと言が、現在の松丸さんをつくったのです。

Point
ポイント

人に動いてもらう最もよい方法は、ご褒美をエサにすること

山形新幹線、伝説の車内販売員

伝説の販売員になるきっかけになったひと言とは？

かつて、山形新幹線で「伝説の車内販売員」と呼ばれた人、茂木《もき》久美子さん。

茂木さんは、山形新幹線車内販売員時代の２００５年、他の販売員が東京～山形間の１往復で平均7～8万円を売るなか、なんと50万円以上の売り上げを達成し話題になります。

そんな彼女が接客の楽しさに目覚めたきっかけは、お客様からの何気ない質問でした。

「こっちの席は紅葉が見えますか？」と聞かれた茂木さんは、つい、気を抜いた返事をして、それがお客様に大ウケしたのです。

Question
問題

「こっちの席は紅葉が見えますか？」と聞かれ、彼女は何と答えたでしょう？

ヒント

茂木さんは山形生まれ、山形育ちでした。

Answer 答え

「んだ」

いつもは標準語で接客するように気をつけていたのに、うっかり、山形弁で答えてしまったのです。

この返事を聞いたお客様は大爆笑。茂木さんは、恥ずかしさから真っ赤になってしまいます。

しかし、このとき茂木さんは気づきます。

「あっ、山形弁でやっていいんだ」

実は、そのほうが旅心を刺激されて、お客様が喜んでくれるとわかったのです。

以来、お客様に喜んでもらうことに目覚めた茂木さん。

ときには、お客様に「山形弁クイズ」を出題し、「私が後ろの車両に行っている間に考えてくださいね。じゃあ、答えは戻って来たときに」と楽しんでもらったり、リピーターのお客様の誕生日を覚えていて、お菓子をサービスしたり、「サクランボが欲しい」というリクエストにお応えし、お金をもらって、あとから個人的に配送したり……。

自分も楽しみながら、お客様に楽しんでもらうサービスを展開。

彼女の売上額が多かったのは、もちろんそんなサービスだけが理由ではありません。

たとえば、「後ろ歩きで台車をひっぱり、駅弁を買おうと手を上げているお客様の取りこぼしをなくす」とか、「引き算の暗算をひたすら勉強して、お客様がいくらのお札を財布から出そうとしているかを見て、先に計算し、瞬速でお釣りを渡す」など、さまざまな努力が積み重なっていることも見逃せません。

さて、そんな茂木さんは、**すっかり山形新幹線の人気者に。**

とうとうファンクラブができるまでになりましたが、2012年に、車内販売員を引退。現在は、「一期一会を大切にした、おもてなしの接客」などをテーマに、講演やセミナーを中心とした活動を続けておられます。

▼アメリカの作家、マーク・トウェインの言葉です。

「成功の秘訣は、自分の職業をレジャーと見なすことだ」

どんな仕事も、「やらされている」と思って取り組むと面白くありません。しかし、まったく同じ仕事でも、「自分から楽しんでやる」とテンションが上がるもの。
たとえば宴会の幹事だって、「仕事が忙しいのに、なんで自分が……」なんて考えるとつまらない。でも、「幹事になったおかげで、好きなお店を選べる。わー、何を食べようかな？　この店なんてよさそう！」というノリでやると、がぜん楽しくなってきます。
「よーし、いいお店を見つけて、みんなに喜んでもらおう！」と思うだけでも、やる気が違う。単純作業だって、勝手にタイムトライアルにしたり、仲間と競ったりして、ゲーム感覚で楽しむという手もあります。

つまらない仕事ほど、楽しむ！　これですね。

Point
ポイント

仕事を楽しんでいる人は、楽しくなるネタを探し続けている人

内気な学生の必勝ナンパ術

勇気がなくてもジャンジャン動ける方法

編集にかかわった本の累計発行部数が1000万部を越えるという、大ヒットメーカー編集者の柿内尚文《かきうちたかふみ》さんの高校時代のエピソードです。

男子校だった柿内さん。ガールフレンドが欲しかったのに、女子に話しかけるきっかけもないし、ナンパする勇気もありませんでした。そこで、「どうしたら自分が積極的に女子に話しかけられるようになるか?」を考え、ある方法を思いつきました。

Question

問題

柿内さんは、どんな方法によって、街頭で次々と女子高生に話しかけられるようになったでしょう?

ヒント

街頭で女子高生に話しかけても、不自然ではない理由を考え出しました。

Answer
答え

「女子校研究会」を立ち上げ、文化祭の研究課題だとして、街頭で女子高生にアンケートを実施した。

何の理由もなく、街頭で女子高生に声をかけるというのは、なかなか勇気が要ります。シャイな高校生、しかも男子校で女子生徒に免疫がないのなら、ハードルはさらに高くなります。

でも、文化祭の研究課題だということにすれば、「女子高生に話しかける大義名分」になって、声をかけやすい！　柿内さんはそう考えたのです。

「○○高校で『女子校研究会』をやっている者です。文化祭の研究課題用のアンケートにご協力していただけませんか？」

これなら、話しかけられたほうの女子高生も安心します。

しかも柿内さんは、アンケート項目のなかにこんな質問を入れていました。

「今、夢中になっていることは？」

「好きな男性のタイプは？」

これ、デートでの会話の内容にもなるものではありませんか！　もし、自分と同じ趣味を持っている子がいたり、好きなものが共通している子がいたりすれば、会話も弾みます。

柿内さんの、この「女子校研究会アンケート作戦」のアイデア。結果は大成功！　モテない男子高生だった当時の柿内さんは、この作戦によって、たくさんの女子高生に話しかけることに成功し、それをきっかけに、念願だった女の子の友だちを何人もつくることができたのでした。

▼「大義名分を作ること」は、行動するきっかけになります。

行動を起こすとき、かつての戦国武将は、この「大義名分」を重んじました。かの織田信長もそうです。今川義元との戦い、桶狭間に赴く際には、「大義は我にあり！」と、兵たちを鼓舞したといいます。

また、信長が朱印（書類へサインの代わりとして捺印するもの）に用いていた文字は有名な「天下布武《てんかふぶ》」。一般的には、「武力によって天下を治める」という意味に取られる言葉ですが、地方大名が領地を守る、あるいは拡大する戦いにあけくれていた時代に、信長は、

「天下」という大きな視野を持ち、それを治めるという思いを朱印に込めたのです。武力によって国を治めるというと、世界征服のようなイメージがありますが、信長は、「乱世を終わらせる」という大義も込めていたのです。

ちなみに、のちに天下を取る徳川家康の旗印は、「厭離穢土欣求浄土《おんりえどごんぐじょうど》」。これには、「誰もが私利私欲で戦を続けている穢《けが》れた今の世の中を浄化して、この世を極楽にしたい」という願いが込められていたといいます。

ナンパの方法から、天下統一に話が飛びましたが、**今ひとつ行動する勇気が出ないときは、これなら行動を起こす必然性がある、という「大義」を掲げる。**そうすれば一気に「動きやすく」なります。

Point
ポイント

大義名分を掲げると、動きやすくなる

予定していた仕事がすべてキャンセルになったとき

半年以上先まで、仕事が飛んでしまったときにやったこととは？

企業の営業に対して、「売り方」を教える研修を提供する会社での話です。創業以来、業績は順調でしたが、2020年、新型コロナの出現によって、予定していた2月から8月までの営業研修はすべてキャンセルになってしまいました。

Question
問題

突然の新型コロナの流行によって、まったく研修を受注できなくなってしまった社員たちに、会社のトップはどんな指示を出したでしょうか？　そして、未来に向けて、何を準備したでしょうか？　社長になったつもりで2つともお答えください。

ヒント　この指示と準備によって、10月以降、会社はV字回復を果たしました。

Answer 答え

社員への指示 → 今はジタバタせず、10月以降のアポを取るように指示した。
準備したこと → リモート研修のための機材を購入し、使い方をマスターした。

これは、ライフデザインパートナーズ株式会社という、法人向けの営業研修を提供する会社を経営し、『電話だけで3億円売った伝説のセールスマンが教える お金と心を動かす会話術』（かんき出版）などのベストセラーがある営業コンサルタント・浅川智仁さんが体験した実話です。

2020年1月にかかってきた電話は、そのすべてが研修のキャンセル。8月までビッシリだった営業研修は、ものの見事にゼロ件になったそうです。

「お客様もたいへんだから」と、キャンセル料を取らないことを決め、まずは現状を正しく認識するために自社の状況を調べた結果、10月までは売り上げがゼロでもなんとかなることがわかりました。

そこで、社員にこんな指示を出したのです。

「10月までは1円も売れなくても大丈夫だから、その点は安心して。今は、10月以降のア

ポを取ることに専念してほしい」

10月以降も、コロナがまん延していたら……。そんな不安もありましたが、「そのときはそのとき、とにかく、今できることをする」という思いからの指示でした。

さらに、「せっかくスケジュールが全部飛んで時間ができたのだから、未来に向けて今までできなかったことをやろう」と考え、それまでの対面式の研修へのこだわりを捨てて、**リモート研修の実施へ向けて、オンライン用の機材を買いそろえました。**収益がないなかで不安はありましたが、未来への投資と考えて本格的な機材を購入し、使い方をマスターしたのです。

そうやって未来への布石を打っていたところ、10月にあるお客様からこんな問い合わせ電話が入ります。

「浅川さんのところは、オンラインでの営業研修もいけるんですか？」

浅川さんは、待ってましたとばかりに即答したそうです。

「はい！　もちろんです」

この電話で、コロナ禍の真っ最中に、50人のリモート研修が決まりました。

それが実績となり、立て続けにリモート研修の仕事が決まり、業績は一気にV字回復したのです。
これは私の想像ですが、半年以上先まで埋まっていた研修がすべてキャンセルになってしまい、普通ならキャンセル料をもらいたいところをグッとこらえて、「また、いつかお願いします」と、気持ちよくキャンセルを受け入れたことも、リモート研修の依頼が殺到する伏線だったのではないでしょうか。

どんな状況に陥っても、現状を正しく認識して、できることをやる。これに勝る得策はありません……。と、そんなことを教えてくれる話です。

Point
ポイント

ピンチのときは、「今、できることは何か？」に注目する

バス運転手の神対応

子育てお母さんを救った機転

ある路線バスで、実際にあった話。ほぼ満員の車内で、若いお母さんが抱いていた赤ちゃんが突然、大声で泣き出してしまい、あやしても泣き止みません。いたたまれなくなって、次の停留所でバスを降りようとするお母さんに、運転手が声をかけます。

「目的地はどこまでですか?」

「新宿駅まで行きたいのですが、子どもが泣くので、ここで降ります」

Question
問題

それを聞いた運転手は、マイクをオンにして車内にアナウンス。それを聞いた乗客たちからは大きな拍手が。さて、運転手はどんなアナウンスをしたのでしょう?

ヒント　ノーヒント。

Answer
答え

「皆さん、このお母さんは新宿まで行くのですが、赤ちゃんが泣いて皆さんにご迷惑だと考えてここで降りるとおっしゃっています。赤ちゃんは泣くのが仕事です。どうぞ皆さん、少しの時間、赤ちゃんとお母さんを一緒に乗せて行ってください」とアナウンスした。

このアナウンスを聞いた乗客たち、一瞬の静寂のあと、1人の乗客の拍手につられるように全員が拍手。バスのなかは温かな「イエスの拍手」に包まれました。

赤ちゃんを抱いたお母さんは、何度も頭を下げてお礼を言い、無事に新宿まで乗車を続けることができたのでした。

▼もう1つ、今度はバス会社の社内で始末書件数がナンバー1という、あるバス運転手の神対応です。

この運転手……仮にAさんとしましょう。Aさんが運転している路線では毎朝、決まった時間に大きな盲導犬を連れた年配の女性が乗車します。その日の朝も、「おはようございます」とその女性が盲導犬とともに乗車し、いつもの席に座っていました。

すると、1人の中年男性が、Aさんにクレームを言い出します。

「このバスは、いつから車内にペットを持ち込めるようになったのかね？」

「ペット？　ペットなんてどこにもおりませんが」とAさん。

「ここに犬がいるじゃないか！　これはペットだろう！」

「ああ、その犬はペットではなく、この方の目ですから」

「なんだと、そんなのは屁理屈だ！　俺は犬の匂いが嫌いなんだ。ごちゃごちゃ言ってないで、こいつらを降ろせ！」

普通の運転手なら、「まあまあ、お客さん」と、なだめたことでしょう。しかし、この日の運転手は、なにしろ社内始末書件数ナンバー1を誇るAさんです。このお客、クレームをつけた相手が悪かった。

路肩にバスを止めたAさん、このクレーム男にこう言い放ったのです。


「金はいらねぇからてめぇが降りろ！　少し歩けば次のバス停だ。30分もすれば次のバスが来るからそれに乗りやがれ！」

後日、バスを降ろされたクレーム男から、当然のごとくバス会社に電話が入り、Aさんは社内の始末書件数の記録をまた1件、更新したのでした。

▼あるコピーライターの方が聞いた、電車の車内アナウンス。

前の電車が超満員だったため、1本見送って次の電車に乗ったところ、こんな車内アナウンスが流れたそうです。

「電車を1本待っていただいたお客様、ありがとうございました。前の電車にお客様が集中したため、この電車は空いております」

社内マニュアルには決して載っていない、人間臭い対応。心に刺さる接客の本質は、実はそんなところにあるのかもしれません。

Point
ポイント

神対応は、マニュアルの外にある

親からタレントデビューを猛反対された小堺一機

やりたいことを貫くために

タレントの小堺一機さんのエピソードです。

学生のとき、かつての人気番組『ぎんざNOW!』のなかの人気コーナー「しろうとコメディアン道場」で、5週勝ち抜きを果たして17代目のチャンピオンになった小堺さん。本気でプロのお笑いタレントになりたいと考えます。しかし、親からは猛反対されます。

Question
問題

親から「タレントなんてティッシュみたいなもんで使い捨てだぞ」と言われた小堺さんは、何と言って両親を説得したでしょう?

ヒント

両親からの言葉をうまく切り返しました。

Answer
答え

「じゃあ僕は、洗って何度も使ってもらえるハンカチになります」と言った。

小堺さんは、親の言葉をこう切り返して、「3年だけやらせてください」と言って説得。お笑いの世界に入りました。

ちなみに、この『ぎんざNOW！』（1972〜1979年）の「しろうとコメディアン道場」の初代チャンピオンは関根勤さん。小堺さんは、縁あって関根さんと下北沢のライブハウスで下積み時代を過ごすことになります。

やがて2人は、欽ちゃんこと萩本欽一さんの人気番組『欽ちゃんのどこまでやるの！』（1976〜1986年）でレギュラーを獲得。2人の名前をとった「コサキン」コンビとして、ラジオや舞台などで活躍することに。

小堺さんは、1984年にお昼の帯番組『ライオンのいただきます』の司会に抜擢されると、以降30年以上も「お昼の顔」として活躍しました。洗って使われるハンカチどころか、雑巾のごとく（小堺さん、失礼！）芸能界で生き残り続けています。

それもこれも、あの日、両親を説得して、芸能界に飛び込んだからなのです。

▼落語家の世界では、若者が弟子入りを希望してきたとき、「落語家に弟子入りすることについて、親の承諾を得ている」というのが必須条件なのだとか。

その理由は、**「親を説得することもできないヤツに、お客の心を動かす噺《はなし》ができるわけがない」**から。なかなか説得力がある理由です。

▼親は、子どもを心配するあまり、自分の「古い価値観」を押しつけてしまいがち。

その結果、子どもの可能性をつみとってしまったり、ヘタすると不幸にしてしまったりすることも……。たしかに、ブラック企業に入ってしまったのに、「会社を辞めてはいけない。定年まで勤めてこそ」という親の言葉が刷り込みになっていて会社を辞めることができなければ、親の言葉は「呪いの言葉」にだってなりかねません。

現代では、親の意見は、心配してくれる気持ちだけは有り難くいただいて、**「あくまで参考程度に聞く」**のがよいと思います。

▼グラフィックレコーディング（絵や図を用いて、話の内容をリアルタイムに手書きでまとめる手法）の名手として、企業の会議やイベント、セミナーなどに引っ張りだこのグラ

フィック・クリエイターの春仲萌絵《はるなかもえ》さん。今でこそ大活躍の彼女ですが、社会人になりたての頃は、会社勤めになじめず、引きこもりに近い状態になったそうです。

そんな彼女を救ったのは、お母さんのひと言でした。

「ツラそうに毎日会社に行くより、楽しそうに毎日遊んでてくれない?」

この言葉で気持ちが楽になった彼女は、めでたく会社を退職。大好きな絵を描くことを生かして起業し、現在の天職を得ることができたのです。

自分の心の声に正直に。そして親は、子どもの応援団になる。

それがベストではないでしょうか。

Point ポイント

従うのは「親の意見」ではなく「自分の心の声」

第8代国連難民高等弁務官・緒方貞子の決断

40万人を救った、「国際法破り」とは？

UNHCR（国連難民高等弁務官事務所）で、日本人初の国連難民高等弁務官となった緒方貞子さん（1927〜2019年）のエピソードです。

1991年の湾岸戦争時。イラクの政府軍から逃れるために、40万人ものクルド人がトルコを目指しますが、入国を拒否され国境近くの山岳地帯で孤立してしまいます。緒方さんはこの人たちに支援物資を送ろうとしますが、ここで問題が。国際法の難民条約では、自国の国境を出ていない人たちは難民と見なされず、支援ができないルールだったのです。

Question
問題

支援に反対する事務所メンバーを、緒方さんは何と言って説得したでしょう？

ヒント
この言葉で、メンバーたちも支援に賛成しました。

Answer
答え

「本当に大切なことは、ルールを守ることではなく、命の危機にさらされている、たくさんの人たちの命を救うことだ」

湾岸戦争は、もともとイラクがクウェートに侵攻したことで勃発しました。

多国籍軍がイラクへの攻撃を始めるなか、それまでフセイン大統領から弾圧を受けていたイラク国内のクルド人たちが武器を取ります。しかし、すぐに政府軍に反撃され、その結果、多くのクルド人たちが、トルコへと逃れることになったのです。

トルコの入国拒否によって、40万人ものクルド人が国境近くで難民化したことを知った緒方さんは、すぐさま現地へ視察に向かいます。そして、寒さに震え、食料も医療も乏しい状態で苦しい生活を送る彼らの姿を目の当たりにするのです。

ジュネーブにあるＵＮＨＣＲの本部に戻った緒方さんは、「国際的なルールは守るべきだ」と支援をしぶる事務所のメンバーに対して、**「ルールを守ることよりも大切なことがある」**と、連日にわたって1人ずつ説得を続けたといいます。

その結果、ついに国際法を無視した支援が実施されました。

クルド人たちを安全な場所へ移動させ、そこにキャンプを設営。テントや毛布、水や食料などを供給したのです。

さらに緒方さんは、自分の立場を越えたウルトラCの外交を展開します。

なんと、**アメリカのホワイトハウスを電撃訪問し、時の大統領、ジョージ・ブッシュに「アメリカ軍が難民を守ってほしい」と直談判。その約束を取りつけた**のです。

現場の実態を自分の目で見て、「この人たちを助けることが、何よりも優先されるべきだ」と、事態の本質を見抜いた。このときの緒方さんの決断は、のちに世界から称賛されました。

緒方さんの行動は、言ってみれば、「目の前の川で子どもが溺れているのに、『飛び込み禁止』という立札を守りますか？」という話です。

飛び込んで助けるのが当然なのに、これが、たとえば組織の伝統とか、会社の規則とかいう話になると、つい、目が曇ってしまいます。

「ルールは破るためにある」とまでは言いませんが、**「大切なのは、ルールを守ることではない」という気持ちは、どこかに持っていたい**もの。

そうしないと思考が凝り固まって、いざというときに、ルールに縛られて動きがとれなくなり、身を滅ぼしかねません。「ウチはずっとこれでやってきたから」と、経営方針を変えずに老舗がつぶれてしまうのも、その例です。

そして、もう1つ。ルールが邪魔なら、**「ルールを変えられる人に動いてもらう」**という奥の手も、ぜひ覚えておきたい。

会社に、なぜか慣習として残っているムダなルールがあって、それによって仕事がいつも滞ってしまうとき。直属の上司に訴えても、「まあまあ、ルールだから」なんて言われてラチが明かないと思えば、直接、社長にルールの撤廃を提案したっていいのです。

Point
ポイント

時にはルールを守ることよりも大切なことがある

第2章

ピンチを乗り越える柔軟性を磨く

ニトリの創業者の大ピンチ。開店前に商品のほとんどがキズ物に！

ピンチをチャンスに変える発想法

家具・インテリア用品の販売で知られる株式会社ニトリ。これは、同社の創業期に発生した大ピンチの話。

北海道に、日本初のエアドーム店舗を作ったときのこと。

オープン直前の大雪によって、ドーム店舗は屋根が落ちてぺしゃんこに。用意していた新品の家具は、そのほとんどがキズ物になってしまいました。

Question 問題

創業者の似鳥昭雄さんは、このピンチをいかにして乗り切ったでしょう？

ヒント　あるアイデアで、キズ物になった家具をすべて売り切ることに成功しました。

Answer 答え

「開店記念　ハンパ品　キズ物セール」と宣伝して完売させた。

札幌市に本社を置く株式会社ニトリは、創業社長の似鳥昭雄さんが一代で築き上げた会社です。

この似鳥さん、子どもの頃から悪知恵がはたらく……ではなく、機転の利く子どもだったそうで、小学生の頃のこんなエピソードが残っています。

通信簿でオール1を取ってしまった似鳥少年。「これは、怒られる」と思い、お母さんにこんなことを言ったとか。

「お母さん、やったよ！　5段階で一番いい1を取ったよ！」

これを聞いたお母さんは大喜び。

なんと、その後、このウソは3年間もバレなかったそうです。

そんなアイデアマン（?）の似鳥さんが、のちに大企業となる家具センターの1号店を北海道札幌市の北区に開業したのは1967年のこと。

この1号店のネーミングがまた、アイデアに満ちたものでした。

その名も、**「似鳥家具卸センター北支店」**。

このネーミングについて、似鳥さんは、こんなふうに言っています。

「まず、店名のなかに、『卸』と入っていることで、お客さんは『値段が安い』というイメージを持ってくれる。次に『センター』と入っていることで、勝手に大きな店を想像してくれる。最後に北支店とあることで、『いくつかある支店の1つなんだな』と思ってくれる」

実際には小さな店舗だったのですが、お客さんをダマす……ではなく、お客様のイメージを膨らませる工夫を店名に盛り込んだのですね。

ちなみに、同社の家具が安いのは、自社グループ内で「海外原材料の仕入→現地生産→輸入→店舗販売→商品配送」までを行なっているから。つまり、間でマージンを取る業者がいないので、お買い得価格を実現できているのです。

さて、そんな似鳥社長にとって大きなピンチとなったのが、日本初のエアドーム店舗を開店したときでした。新品の家具をそろえて、「あとは開店するだけ」と、そこまで用意したところでの大雪。エアドームの屋根の崩壊です。

普通の人なら、キズ物になった家具を前に茫然と立ち尽くすところでしょう。しかし、オール1を取ってもめげない似鳥さんは、「開店記念　ハンパ品　キズ物セール」と称して、お客様を呼び込むことに成功するのです。

このアイデアは大成功。用意していたキズ物家具（もともとは新品でしたが……）は、すぐに売り切れに！　急きょ、他の店舗からも、在庫品になってしまっていた、キズ物をかき集めて、すべて売ってしまったのでした。

世の中の多くの発明品が、失敗や、ダメになってしまったものの再利用から生まれていることからもわかるように、**「ピンチのときに、転んでもただでは起きない！」というタフな精神と、やわらかな発想がピンチをチャンスに変える**のです。

Point
ポイント

ピンチは、見方を変えれば大きなチャンス

絶体絶命の危機を乗り切った徳川家康の知恵

追い詰められたときの「最後の手」

徳川家康が武田信玄と戦ってコテンパンにやられた「三方ケ原《みかたがはら》の戦い」のときの話です。命からがら浜松城まで逃げ帰った家康でしたが、武田軍の追っ手は城のすぐ近くまで迫っていました。もし、このまま城を攻められたら降伏するしかない状況です。

Question

問題

このとき家康が取った、起死回生の行動とは何だったでしょう?

ヒント

その行動により、武田軍は城攻めをやめて兵を引きました。

Answer
答え

城の城門を全開にして、武田軍の到着を待った。

これは、中国の兵法書『兵法三十六計《へいほうさんじゅうろっけい》』のなかに出てくる「空城の計《くうじょうのけい》」と呼ばれる戦術です。

『兵法三十六計』とは、兵法における戦術を6系統・36種類に分類した書物。

ちなみに最後の36番目には、「勝ち目がないならば、戦わずに全力で逃走して損害を避けよ」とあり、これが「三十六計逃げるに如《し》かず」という言葉の語源になっています。

この本を読んでいた家康は、浜松城へ逃げ帰ると、すべての城門を開いて篝火《かがりび》を焚き、武田軍が到着するのを待ち構えました。

家康を追ってきた武田軍は、その城の様子を見て、**「これは何かの罠に違いない」**と城に攻め入ることをやめ、そのまま兵を引いたのでした。

ちなみに家康は、この「空城の計」の用意を終えると、湯漬けを食べ、疲労からか、そのままイビキをかいて眠り込んだといわれています。「打つべき手は打ったから、あとは運を天に任せた……」という感じでしょうか。

彼の生涯における最大の危機といわれたこの敗戦を、家康はこうして乗り切ったのです。

一見、そんな手に引っかかるなんて……と思ってしまいそうです。しかし、**退却を始めた敵に対して、「今がチャンスだ！」と一気に攻め込み、まんまと罠にハマって全滅するなどということは戦国の世ではよくある話。**

逃げる敵を追うということは、実はそれほど危険な行為であり、相手の行動に「罠」の匂いを感じることも、武将の重要な才覚だったのです。

だからこそ、この「空城の計」は、威力を発揮するのですね。

この戦略、現代に当てはめると、どうでしょう。

あえて、相手に自分の隙《すき》や弱みをさらけ出して油断させるとか、もう余裕がないのに平然を装う、あるいは逆に、まだまだ余力があるのに限界のフリをするなどでしょうか。

そうすることで、相手が手を緩めたり、迷ったり、疑心暗鬼になってくれたりしたら、形勢不利からでも一発逆転を狙えます。

▼有名な『三国志演義』のなかに、天才軍師の諸葛孔明《しょかつこうめい》が、城に攻め入ろうとする敵軍を戦わずして追いはらった話があります。

孔明は、兵たちを隠して、城の門を開け放ち、自ら1人で相手からよく見える建物の上で、悠然と琴を奏でたのです。

攻めてきた敵軍は、孔明の姿を見て恐れをなして逃げ帰ったといいます。

Point
ポイント

まだ奥の手があると思わせて、相手をひるませる

女優が急病で舞台に穴があいたときに、三谷幸喜がやったこと

「もうできない」と諦める前に

脚本家の三谷幸喜さんのエピソードです。
ある日の舞台でのこと。昼の部を終えたところで出演者の1人である女優さんが体調不良となり、夜の部に出演できなくなってしまいました。
夜の部の開演までは、たったの1時間。代役の役者さんを探す時間もありません。

Question
問題

このとき、三谷さんのある行動によって、夜の部は無事に開演できました。さて、それはいったいどんな行動だったでしょう?

ヒント
「急きょ、その役を抜かした原稿を書き上げた」ですって? 違います。

Answer

答え

自分で抜けた女優の代役を務めた。

それは、2018年上演の『江戸は燃えているか』という舞台でのこと。

昼の部までは出演していた女優の松岡茉優《まゆ》さんが突然、体調を崩して病院へ。松岡さんは「勝海舟の娘」という役で、セリフも多く、開演1時間前では代役を立てるのも無理。一時は「夜の部は休演」に決まるところでした。

しかし、三谷さんは劇場のロビーで開演を楽しみに待つ人たちの姿を見てしまいます。なかには、地方から来たと思われるお客様が、大きな荷物を預けている姿も……。いたたまれなくなった三谷さんは、スタッフを集めて、「自分が松岡さんの代役をしますから上演しましょう」と申し出たのです。

自分が松岡さんの衣装を着て出ると「コントの出オチ」のようになってしまうと考えて、衣装は黒衣《くろご》スタイル。セリフを覚える時間もないので、手には台本を持っての出演です。

開演前には、自ら舞台に立って、来場者に松岡さんの体調不良という事情を伝え、こう言いました。

「今日は急きょ、この格好で私が台本を持って松岡さんの役をやらせていただきます。納得のいかない方は帰ってくださっても結構ですし、見終わって、これは許せないと思ったら、チケット代は全額、払い戻しいたします」

さあ、結果はどうだったか？

「2幕目からは余裕が出て楽しくなった」という三谷さんは、嬉々としてラブシーンもこなし、別の役者がしゃべっているときに、手に持っている台本を見ながら、「セリフが違うよ」と茶化すというアドリブまで見せて、お客様は大爆笑。

代役出演は大成功だったのです。

▼私の知人で、これまでに講演会の講師を800回以上も経験しているHさん。

あるとき、某大企業主催のイベントで、いざ講演を始めようとしたら、用意していたパワーポイントの資料がスクリーンに映し出せないというトラブルに見舞われたことがありました。講演時間は1時間半の予定。用意していたパワーポイントの画面の数は100枚近く。それがぜんぜん映し出せないのです。

そのときHさんはどうしたか？

万が一に備えて出力しておいた説明資料を手元で見ながら、1時間半を話だけで乗り切ったのです。

もちろん、画像を映しながら説明するほうがわかりやすい部分もありました。しかし、三谷さんの舞台と同じく、トラブルの一部始終は来場者も先刻承知。

結果、Hさんが講演を終えると会場は大きな拍手に包まれたそうです。

大口取引のプレゼンとか、大事な場面に限って、交通機関の遅れなど、どうしようもない不可抗力の問題が発生するものです。延期も、代役を立てることもできないなら、もう、**事情を説明して、できる限りの対応で許してもらう**しかありません。

その誠意ある態度は、相手からも感謝されるはずです。

Point
ポイント

想定外の事態での最大の武器は「誠心誠意」

逃げ場を失った石田三成が頼った相手

周りが敵だらけになってしまったときに頼る先は？

豊臣秀吉の死後、秀吉に仕えていた石田三成と、天下を狙っていた徳川家康が対立していたときのこと。家康は、石田三成を嫌う武将たちを次々と自分の味方に引き込んで、三成を孤立させていきました。まだ自分が動くのは早いと思いつつ、着々と天下取りの準備を進めていたのです。

ところがある日、三成を嫌う武将たちが石田三成の屋敷を襲撃してしまいます。

Question

問題

襲撃を受けて、なんとか屋敷からは脱出したものの、行き場を失った石田三成は自分が生き残るためにいったいどうしたでしょう？

ヒント

三成は、イチかバチかであるところに逃げ込みました。

Answer 答え

あえて自分と敵対している徳川家康のもとに逃げ込んだ。

自分の命を狙って屋敷を襲撃してきた武将たちの総大将にあたるのは徳川家康です。にもかかわらず、石田三成は、その総大将・徳川家康のもとを自ら訪ねていき、こう言ったのです。

「もはや、家康様しか頼れる者はいない、助けていただきたい」

これには、さすがの家康も面食らったことでしょう。

おそらくは、「誰かが三成の首をとってくれればしめたもの」くらいに思っていたのに、まさか、自分を頼って来ようとは……。

自分を頼ってきた豊臣方の人間を殺したとあっては大義が通らない……と考えたのか、家康は三成に、「わかった、命だけは助けよう。ただ、蟄居《ちっきょ》（今で言えば自宅謹慎）しなさい」と伝えたのでした。

敵のなかに自ら飛び込むとは、まさに奇策。

結局はこの事件の翌年（1600年）には関ヶ原の戦いが起こって、石田三成は家康に完敗するのですが。とりあえず、このときの人生最大のピンチは、こんな奇策によって生き延びることに成功したのです。

石田三成が単身で徳川の屋敷に入り難を逃れたというこの話は、古い文献に残っているものの、現在では「のちの創作で事実ではなかったのではないか」といわれています。

とはいえ、「本当に困ったときは、敵の懐《ふところ》に飛び込むのもあり」という考え方は、学ぶところありではないでしょうか。

たとえば、自分が経営するお店のすぐ近くに巨大なショッピングセンターができて、お店が存続の危機に陥ったとき。もしかしたら、**「そのショッピングセンターのなかに出店させてもらう」**という生き残りの道があるかもしれません。

▼私の知人の、現在は起業家として成功している方の話です。会社員時代に、ある事情から自分のことを敵視してくる上司がいたそうです。

で、その人はどうしたか？

その上司からの仕事の依頼は誰よりも早く完璧に行ない、決定事項や悩みなど、あらゆることをその上司に積極的に相談したそうです。

すると、だんだんとその上司の態度が変わってきました。

自分を敵視するどころか、最後は可愛がってくれるようになったのだとか。

この策は、「長いものには巻かれろ」とは少し違います。そうではなく、「自分から積極的に心を開いて、敵対する相手の胸のなかに飛び込んでみる」ということです。

何もかもさらけ出して自分のもとに飛び込んで来られたら、人間、邪険《じゃけん》にはできなくなるものです。

Point
ポイント

あえて敵対する相手の懐に入り、身をゆだねてみる

渥美清、付き人が大事な撮影に遅刻したときに

カリスマ俳優の神対応とは？

現在、舞台や映画、ドラマなどで脇役として活躍されている俳優の石井愃一《けんいち》さんが、まだ駆け出しの役者で、渥美清さんの付き人をやっていたときのエピソードです。

ある日、映画のクライマックスシーンを撮影するという大事な日に寝坊をして、大遅刻をしてしまいました。

Question

問題

このとき、顔面蒼白《がんめんそうはく》で撮影所に着いた石井さんに、待っていた渥美さんが開口一番で言った言葉は何だったでしょう？

ヒント

この言葉で、石井さんは大感動しました。

Answer 答え

「安心しな。みんなには、『石井はオレの用事で遅れてくるから』って伝えてあるから」

この日の撮影は、なんと、よりによって映画『男はつらいよ』の第1作のクライマックスシーン、寅さんの妹・さくらと博《ひろし》の結婚式の場面でした。

主役の渥美清さんをはじめ、倍賞千恵子さん、笠智衆《りゅうちしゅう》さん、そしてスペシャル出演の志《し》村喬《むらたかし》さんなど、そうそうたる名優が勢ぞろいです。

石井さん、この場面に「工員D」という役で出演する予定で、前の晩から興奮してしまい、なかなか眠りにつくことができませんでした。

そして、ハッと気がつくと朝の8時。それは、撮影所での集合時間です。

こんな大事なシーンの撮影の日に、しかも日本を代表する大御所の役者が集まっているというのに、ぺいぺいの自分が集合時間に遅刻するなど、あってはならないこと。

取るものも取りあえず、真っ青になって撮影所に駆けつけると、待っていた渥美さんが小さな声でこう言ってきたのです。

「安心しな。みんなには、『石井はオレの用事で遅れてくるから』って伝えてあるから」

普通なら、怒鳴られても仕方のない大失態です。それなのに、遅刻の理由も聞かず、そう言って微笑む渥美さん。

しかも、自分をかばって、周りにウソまでついてくれるとは……。

なんという優しさ、そして、器の大きさ。

石井さんはこの日、「一生、この人についていこう」と心に誓ったのでした。

▼失敗してしまった相手を叱るのは簡単です。

しかも相手が自分より年下だったりすると、「私はこの後輩の将来のために、あえて叱ってあげるのだ」なんて考えて、ついカッコつけてお説教をしてしまいがち。

でも、ちょっと待った。それって、ただの自己満足ではありませんか？　後輩からは、あなたはただの「先輩風を吹かす説教大魔神」に見えているかも。

そもそも失敗したとき、本人は「やってしまった」と反省しているもの。それなのに、先輩からネチネチ説教をされると、その反省はどこへやら、先輩に対する悪い印象だけが残ってしまいます。

もちろん、相手との間に信頼関係ができていれば話は別です。あなたの言葉は、金言となって相手の心に残るでしょう。そして、何年か後に、「今の自分があるのは、あの先輩のおかげです」なんて言ってもらえるかもしれません。

要は、失敗した相手を叱るか否かは、相手との信頼関係が重要ということ。そこに自信がなければ、失敗した相手にこそ寛大な態度で接するほうが無難です。

「大丈夫、大丈夫」って、笑顔でそれとなくリカバリーしてあげれば感謝してもらえます。

取引先や友人も同じ。**相手が失敗してしまったときこそ、あなたの器の大きさの見せどころ**です。

▼宗教家で「インド独立の父」と呼ばれるガンジーの言葉。

「弱い者ほど相手を許すことができない。許すということは、強さの証だ」

Point
ポイント

失敗してしまった相手にこそ優しさを!

コロナ禍のバイキングレストラン

厳しいときこそ大切にしたいことは？

和洋中の料理がそろう、某ホテルのバイキングレストランのコロナ禍での話です。長テーブルに並べられた料理を、お客様自らが皿に取って席で食べるという形式が不評になり、スタッフが料理の入ったワゴンを引いてお客様のテーブルを回り、料理をサービスする形式に変更しました。しかし、お客様から「少し離れたところにいるワゴンが、和洋中のどの料理を運んでいるのかがわからなくて不便」とのクレームが……。

Question

問題

ホテルは、離れているワゴンが運んでいる料理が和洋中のどれかわからないという問題を、どんな方法で解決したでしょう？

ヒント

「ワゴンに国旗を立てた」ですって？　イイ線ですが、違います。

Answer 答え

和食であれば着物、中国料理であればチャイナドレス、洋食はハワイアンというように、ワゴンの料理に合わせてサービススタッフのコスチュームを変えた。

これなら、遠くから見ても、和洋中のどの料理を運ぶワゴンか一目瞭然ですね。中華料理が食べたかったらチャイナドレスのスタッフに「お願いしまーす」と声をかければよいわけです。

ちなみに、このレストランの呼び物の1つであるカニを運ぶワゴンを押すスタッフは、ちょっと可愛いカニの被《かぶ》り物を頭に着用したとのこと。サービススタッフさん曰く、「ちょっと恥ずかしい」と（笑）。

コロナ禍のように厳しいときこそ、少し余裕を持って「お客様に楽しんでいただこう」というサービス精神が大切です。

そのサービス精神というか、心の余裕がないと、「和洋中の料理によって、ワゴンに違う色のシールを貼る」など、「課題は解決されるけど、なんとなく味気ない解決策」しか頭に浮かばなくなってしまいます。

▼ファミリーレストランの「ガスト」や「バーミヤン」などで、すっかりおなじみになったネコ型配膳ロボ。正式な名前は「ベラボット」といいます。

外食産業のすかいらーくグループでは、2021年末頃から本格導入され、2022年末には全国の約2100店舗で導入が完了しました。

店員が料理を置くと、「今から行ってくるニャー」の声とともに、お客様のテーブルへ。テーブルについて、お客様が料理を取り終えると、「ご注文、ありがとうニャー。お食事、楽しんでください！」と。

キッチン横で待機しているときは、画面の顔が居眠りをしているし、料理を運んでいるときは、ちゃんと目がまばたきをしているなど、芸が細かい。そんなところが、「生きている感」を醸し出しています。

「ニャン！」

先日、某ファミレスで、そんなネコ型配膳ロボが、お客様がテーブルの位置を少しずらしていたために、イスの角と接触するのを目撃しました。

するとイスにぶつかった瞬間、ネコ型配膳ロボはこう言ったのです。

まさか、モノにぶつかったときまで、可愛い声を発するとは！　この「生きている感」が、子どもに大人気な理由です。

店内の子ども客が、「今から行ってくるニャー」と声真似をしたり、料理を運んで来たとき「ネコちゃん、来てくれたー」と喜んだり……。

このネコ型配膳ロボも、単純に人手不足、店員の手間削減という問題を解決するだけなら、わざわざネコ型にする必要はありません。自動で移動可能なテーブル型のロボットを作ればよいだけです。

しかし、そこに、**「お客様、特に子どもたちに喜んでもらいたい」**という意思が入ると、「可愛い声でしゃべるネコ型ロボットにしよう」という発想が生まれます。

Point
ポイント

どんなときも、相手を楽しませる余裕を持つ

小道具のピストルを忘れて舞台に上がってしまったとき

もう後戻りできない、「本番」でのミスの対処法

ある舞台俳優のエピソード。
舞台で、殺し屋役を演じていた彼。しかし舞台に上がってから、背広の内ポケットに入れておくはずの小道具のピストルを、楽屋に忘れていることに気がつきました。芝居はどんどん進み、もうすぐ対峙する3人の敵を撃ち殺す場面です。

Question 問題

小道具のピストルを楽屋に忘れた彼は、どうやってこのピンチを乗り越えたでしょう?

ヒント
敵に囲まれている場面で、セリフでごまかして楽屋に戻ることもできません。

Answer 答え

まるで手にピストルを持っているかのように、エアで3人を撃ち殺すという演技をした。

彼にとって幸運だったことは2つ。

1つは、早撃ちで3人を撃ち殺す場面だったこと。これがもし、相手の眉間に銃口を押し当ててセリフを言うような場面だったら、どうしようもありませんでした。

もう1つは、銃声が効果音だったこと。これがなければ、コントのように、口で「バキューン」なんて言わなければならないところでした。

この場面を見た観客。ピストルがエアだったことへの反応は何もありませんでした。

おそらく、多くの観客が、一瞬は「あれっ？　今、ピストル持っていた？」と思ったのでしょうが、彼のあまりに自然な演技に、「ここは、こういう演出だったのかな」と、勝手に思ってくれたのかもしれません。

何しろ彼、ピストルを持っている手を隠すこともなく、銃口に「フッ」と息を吹きかけて、カッコよく内ポケットに戻すという**自信満々の演技をした**のです。まさかこれが、楽屋にピストルを忘れてきた彼の「どうにでもなれ」という演技だったとは、誰も思わなかったという次第。

まさに、開き直りの勝利。

▼人気番組『笑点』で歌丸さんの前の司会者だった5代目三遊亭圓楽《さんゆうていえんらく》さんのある日の高座でのエピソード。私はこのときの高座を実際にテレビで見ていました。

なんと圓楽さん、扇子を楽屋に忘れて高座に上がってしまったのです。扇子は、噺《はなし》の最中にお箸《はし》になったり、手紙になったり、刀になったりという必須アイテム。そんな大事なものを忘れてしまったから、さあたいへん。

その日の演目は『芝浜《しばはま》』。飲んだくれの魚屋・勝五郎が奥さんに言われて早朝の芝浜にやってきたが、時間を間違えてまだ魚河岸が開いていない。時間つぶしに浜辺でのんびり煙管《きせる》をふかしていると、大金が入った財布を見つけて……という人情噺です。

圓楽さんにとってのピンチは、勝五郎がのんびりと煙管をふかす場面です。なにしろ煙管の代わりに口にくわえる扇子がない！

このとき、圓楽さんはどうしたか？

この場面が近づくと、落語家のもう1つの必須アイテムである手ぬぐいを手元でクルクルと巻き始め、いよいよ煙管をくわえる場面になると、棒状にした手ぬぐいを口にくわえて、ぷか～っと、扇子の代わり……いや、煙管の代わりにしてしまったのです。

こうして圓楽さんは、煙管というより葉巻にしか見えない「手巻きの手ぬぐい」でその場面を乗り切ると、最後まで無事に演目を終えたのでした。

何か大切なアイテムを忘れてきてしまったとき、正直に謝るのも、もちろん有効な対処法です。でも場合によっては開き直って、「もともとそんなものなかったという体《てい》」でやりきってしまうのも1つの手です。

ポイントは自信たっぷりにやること。そうすれば、相手はぜんぜん気がつかない……かもしれません。

Point
ポイント

自信たっぷりにやると、ミスは意外と気づかれない

ホジャおじさん、後ろ向きでロバに乗る理由

目的のためなら、発想は自由でよい

トルコにはナスレッディン・ホジャという伝説的な民話の主人公がいます。これはそんなホジャおじさんの最も有名なとんち話。

ある日のこと、ホジャさんはロバに乗って弟子たちと散歩に出かけました。ところが、なぜかロバに後ろ向きにまたがって乗っています。

Question
問題

あとに続く弟子たちが、「どうしてそんな乗り方をするのですか?」と聞くと、ホジャさんはいったい何と答えたでしょう?

ヒント 出だしは「このほうが」です。

Answer 答え

「このほうが、おまえたちと話しやすいからいいじゃないか」

これは、「トルコでは知らない人はいない」というくらい有名なとんち話で、アクシェヒルという町には、後ろ向きでロバに乗ったホジャさんの銅像もあります。日本でいえばさし詰め、一休さんの「このはしわたるべからず」という立札を見た一休さんが橋のまん中を渡ったという話くらいの知名度の高さでしょうか。

この話でホジャさんは、「ロバは前向きに乗るもの」という固定概念にとらわれていません。思い込みにとらわれず、周りの声に耳をかたむけなさいという教えも含んでいるようにも思えます。

ホジャさんのとんち話は、自由気ままなホジャさんの行動に、教訓があるような、ないような……そんな、肩ひじを張らない感じが愛される理由なのかもしれません。

▼ついでにもう1つ、私が好きな「ホジャさん話」。

ホジャさんのお仕事の1つは、毎週金曜日に礼拝堂で人々に説教をすることです。

ある金曜日のこと。いつものようにホジャさんの説教を聞きに集まった人たちに、ホジャさんが質問します。

「みんなは、これからワシがどんな話をするかおわかりかな？」

いきなりそんなことを聞かれた人たちが「いいえ、わかりません」と答えると、それを聞いたホジャさん。

「何？　わからない？　わからない人たちに何を話しても意味がないな」

そう言うと、さっさと礼拝堂を出て行ってしまいました。

次の金曜日。ホジャさんは、また「みんなは、これからワシがどんな話をするかおわかりかな？」と言います。

先週のことがあったので、今度は皆、「はい、わかります」と答えます。すると、それを聞いたホジャさん。

「そうか、ワシがこれから話すことを、みんながもうわかっているなら話をする必要はないな」

そう言うと、またしてもさっさと帰ってしまいました。

さて、その次の金曜日。ホジャさんは、またまた「みんなは、これからワシがどんな話をするかおわかりかな?」と言います。

2週連続でホジャさんにしてやられた人たちは、今度こそはと、半分の人が「わかりません」と答え、半分の人が「わかります」と答えました。

それを聞いたホジャさん。

「それは結構! では、わかっている人はわかっていない人に、ワシが今日、何を話すか教えてやってくれ」

嬉しそうにそう言うと、またしても、さっさと帰ってしまったのでした。

この、学びがあるような、ないようなフワッとした感じ。イイです。

人生は肩ひじを張らずに、臨機応変に楽しく! ですね。

Point
ポイント

常識にとらわれず、人生を楽しもう

テストの答案用紙に名前を書き忘れる人の共通点

失敗する人が陥りがちな落とし穴

YouTube番組『コヤッキースタジオ』で、タレントの島田秀平さんが披露していた話。
あるアメリカの大学教授が、「なぜ、テストの答案用紙に名前を書き忘れる学生がいるのか？」を調査するため、試験官の協力を得て、名前を書き忘れた答案を見つけたら教えてもらい、その学生を追跡。「なぜ、名前を書き忘れたのか？」をインタビューしたそうです。
すると、名前を書き忘れたことを知らされた学生の多くが、同じ言葉を発したのです。

Question
問題

自分が名前を書き忘れたことを告げられた学生の多くが開口一番で言った、共通のひと言とは何だったでしょう？

ヒント

日本語なら、ひらがなで4文字です。

Answer

答え

「やっぱり」

なんと、答案用紙に名前を書き忘れた学生の多くが、そのことを告げると「ああっ、やっぱり」と答えたというのです。

続けて「なぜ、やっぱりだと思うのか？」と聞くと、こんな回答が。

「私は母親から、あなたはおっちょこちょいだから、名前を書き忘れないように気をつけなさいと、口を酸っぱくして言われていました。だから、やっぱり親の言う通りだと思ったんです」

島田秀平さんは言っています。

「これこそが呪いの言葉です。お母さんからしたら、よかれと思って言っているんです。でも、人間は『おっちょこちょいだから気をつけなさい』と言われ続けると、自分はおっちょこちょいなんだというほうが刷り込まれてしまうんです」

思い込みのパワー、恐ろしや。

▼演歌歌手の吉幾三さんが、コンサートでよく披露している実家のお母さんの話です。

実家のお母さんは料理上手で、ご近所の人たちを家に呼んで手料理を披露することがあるそうです。

「母ちゃん、いっつも同じもんばかり作ってちゃ、村のみんなだって飽きちまうからな。たまにはおしゃれなもんも作れ」

吉さんはそんなことを言いながら実家に帰ったとき、お母さんに「スパゲティ・カルボナーラ」の作り方を丁寧に教えてあげたそうです。スパゲティといえば、ナポリタンとミートソースしか知らなかったお母さんは、喜んでその作り方を覚えたのです。

さて、そんなことがあってから半年くらい経った頃。

ひさしぶりに実家に帰った吉さん、そういえば、カルボナーラの評判はどうだろうと思い出して聞いてみると、お母さんは満面の笑みでこう答えたのです。

「あー、おかげさんで村のみんな、美味い美味いって、大喜びで食べてくれてるよ、あのスパゲティ・ボラギノール」

……。お母さん、痔の薬と間違えないで〜。

▼1986年の大みそかに放送された第37回NHK紅白歌合戦。

白組のトップバッターは少年隊、曲は『仮面舞踏会』。この曲の紹介で、司会の加山雄三さんは、**「紅白初出場、少年隊、『仮面ライダー』です!」**とやってしまいました。

この間違い、スタッフから「絶対に『仮面ライダー』って間違えないでくださいね」と念を押されすぎた加山さんが、「仮面ライダーって間違えちゃいけない、仮面ライダーって間違えちゃいけない」と、繰り返し思っていたことが原因だったとか。

とかく、「失敗するんじゃないか」と思い込むと、かえって失敗を引き寄せてしまうもの。そうならないための魔法の言葉は、**「失敗してもいいや」「失敗したって殺されないし!」**。そう思えば、失敗から解放されます!

Point
ポイント

「失敗してもよい」と考えると、逆に失敗はなくなる

サンリオピューロランド、逆転の法則

「社内のお荷物」から脱出した方向転換とは？

1990年12月、日本初の屋内型テーマパークとして東京都多摩市で開園した「サンリオピューロランド」（以下ピューロランド）。開業時は盛況だったものの、すぐにバブル崩壊の影響を受けて来場者数が伸び悩み、2013年までずっと赤字続きでした。

そんな経営状況を立て直すため顧問に就任したのが、のちに館長となる小巻亜矢さんです。

Question 問題

小巻さんが打ち出した、大胆な路線変更とはどんな内容だったでしょう？

ヒント 来場者のメインターゲットを変更しました。

Answer
答え

来場者のメインターゲットを「大人の女性」に変更した。

それまで、**「小さな子どもとその親」をメインターゲットにしていた路線を変更し、大人の女性に楽しめるように改革を行なった**のです。

たとえば、館内で行なわれるパレードを大人向けに変更。ステージで行なうショーも、ダンサーを起用したミュージカル仕立てに。ときには、市川笑三郎さんの演技指導で、歌舞伎を取り入れたキャラクターショーなども行ない、大人の鑑賞に堪えられるレベルを意識しました。

それと並行して、スタッフたちの意識改革とレベルアップも実施。

朝礼で、「あの接客は素晴らしかった」などと、スタッフ同士でノウハウをシェアし合ったり、知識を増やすために館内に関するクイズを出し合ったり。外国人観光客の増加に対応するため、英会話を学び合ったりしたのです。

さまざまな改革が功を奏して入場者数は増加に転じ、2014年3月（2013年度）には開園以来初の営業黒字を達成。

２０１６年11月には、ＮＰＯ法人地域活性化支援センターが運営する「恋人の聖地」の１つにも認定され、２０１７年度には悲願の実質黒字化を果たしたのです。

▼せっかく右肩上がりに軌道修正を果たしたピューロランドでしたが、それに冷や水を浴びせたのが２０２０年のコロナ禍でした。ピューロランドは、来場者及び従業員の安全を考慮するため、２０２０年2月22日から臨時休館を実施します。

私は、その休館期間中に、「**【**ピューロランドから皆様へ**】**ピューロランド、休んでたって・・・」というタイトルで配信された、約１分半の２本の動画が今も忘れられません。

その動画は、およそ次のような内容です。

新型コロナの影響で休館中のサンリオピューロランド。明かりが消え、閑散とした館内。そのなかで、来るべき再開の日のために、黙々と掃除や準備をするスタッフたち。キッチンで美味しいメニューを開発中のレストランのシェフ。大きな鏡の前で、ダンスのステップを練習するキティちゃん。そして、最後のメッセージ。**「休んでたって……ここにいるよ」**。

Point
ポイント

うまくいかなくなったら、ターゲットを変えてみる

真っ暗なステージ。そこに「みんなどうしてるかな」とつぶやくキティちゃん。ステージにポツンと置かれたイスに座り、『不思議の国のアリス』の朗読を始める。ふと気がつくと、客席にはサンリオの仲間たちが。

「来ちゃった」

「みんなここが、大好きなんだね」とキティちゃん。キティちゃんの朗読の声をバックに、音楽が流れ、明るくなった館内で、スタッフたちが開園の準備をしている。

そして、最後のメッセージ。**「虹は、みんなの上に」**。

新型コロナであらゆるイベントが中止になり、閉塞感がまん延していた時期。この動画は「泣ける」と評判になりました。

私は、この「夢を届ける」という気持ちがある限り、ピューロランドの未来は明るいと思ってしまうのです。

第3章

問題を解決する発想力を養う

伊集院光、「後輩からお金をねだられた」とき

スムーズに断る（？）方法

テレビやラジオで活躍中のタレント・伊集院光さんは、若手のお笑い芸人から「お金を貸してください」と言われたときは、あるひと言を言って、相手のトーク力をテストするそうです。

Question

問題

そのひと言は、「じゃあ、〇〇について聞かせて」と質問するのですが、さて、いったい何について聞かせてと質問するのでしょうか？

ヒント

ノーヒント。

Answer
答え

「じゃあ、返済計画を聞かせて」

そして、「返済計画がないなら、貸せる金額はここまで」と伝えるそうです。

実は、たとえどんなにウソっぽかったり、無茶な返済計画であったりしても、その場でパッとアドリブで答えられたらお金を貸してあげるのだとか。

そもそも、お笑い芸人が返済計画を聞かれて、「わかりません」とか、言葉につまってしまうようなら、お笑いのセンスがないということ。

「自分で返済の目安もわからないうえに、うまい言い訳をすることもできないトーク力だと、その額は貸せないな」と言ってお断りするそうです。

このように、どうしたらよいか判断に迷うような場面のために、自分のなかに「ある1つの基準」を決めておくと、迷うことなく決めることができるようになります。

たとえば、「一緒に仕事をするかどうか?」とか、「相手の誘いに乗るかどうか?」とか、そういうときのために、「この質問にこんな回答があればオーケーする」というような試

金石のようなものを決めておくのです。

余談ですが、伊集院さんにお金を借りようとして「返済計画を聞かせて」と言われたとき、「ザキヤマ」ことアンタッチャブルの山崎弘也さんは自信たっぷりにこう回答したといいます。

「来年のM-1で優勝して、賞金で返します」

このアドリブだけでもさすがです。しかし、もっとすごかったのは、本当にその後に漫才師日本一を決めるM-1グランプリで優勝し、その時点で60万円くらいになっていた伊集院さんへの借金を全額返済したことです。

「M-1に優勝して返す」と言われてお金を貸す伊集院さんもすごいけど、その場の口からのでまかせ（?）を実現してしまったザキヤマさんもすごいです。

▼もう1つ、伊集院光さんのエピソード。

あるとき、一緒に仕事をしている番組のスタッフ2人に対して、伊集院さんとしてはちょっと許せないことがありました。

そのとき伊集院さんはどうしたか。自分のラジオの番組で、突然こう宣言したのです。

「反省しているなら、来週の月曜日までにキン肉マン消しゴムを献上するように！」

そんな宣言をされたスタッフは恐らく、ネットで探して購入したり、知人から譲ってもらったりしたのでしょう。2人とも、宣言された期限の前に、伊集院さんにキン肉マン消しゴムを届けてきたそうです。

次の週の放送では、伊集院さんがホッとした声で、次のようなことを言っていました。

「2人がキン肉マン消しゴムを持って来てくれてよかった。もし、冗談だと思われていたら、落としどころがなくなるところだった……」

ちょっとイキな許し方だと思うのですが、いかがでしょう。

Point
ポイント

判断に迷うときのために試金石となるものを予め決めておく

坂本龍馬、「いろは丸事件」のズルイ解決策

いかにして徳川御三家の1つ・紀州藩と渡り合ったか？

坂本龍馬がつくった日本初の貿易会社「海援隊」。その持ち船である「いろは丸」は、1867年（慶応3年）4月23日に紀州藩の軍船「明光丸」と衝突事故を起こします。幸い、龍馬を含む海援隊員は明光丸に乗り移り無事でしたが、いろは丸は沈没してしまい、海援隊は存続の危機に陥ります。

Question
問題

このとき、事故の補償の交渉を有利に進めるために、龍馬はどんな手を使ったでしょう？

ヒント
龍馬は自分の強みを生かし、紀州藩の弱い部分をつきました。

Answer 答え

紀州藩の人間が知らない国際法「萬国公法」を持ち出して交渉した。

このとき龍馬たちが使っていた「いろは丸」は、実は大洲《おおず》藩（現在の愛媛県にあった藩）から有料で借りていた船でした。

積み荷だけでなく、借り物の船まで沈んでしまい、紀州藩から賠償金をもらわなければ海援隊はおしまいという切羽詰まった状況だったのです。

しかも、この衝突事故。どちらかといえば、非があるのは、いろは丸のほうでした。

当時の国際法では、船同士がぶつかる危険が生じたときは、お互いに右に舵《かじ》を切るのが決まりでしたが、いろは丸は左に舵を切っていたのです。

どう考えても不利な状況。しかも、交渉の相手は徳川御三家の1つである紀州藩です。下手をすると、賠償金をもらえないどころか、賠償金を取られかねません。

この危機を乗り切ったのが、龍馬の奇策でした。

龍馬は、まだ日本に入ってきたばかりで、知る人も少なかった国際法「萬国公法」を持ち出して、交渉にあたったのです。**自分たちはよく知っているが、相手はまったくわかっ**

ていない国際法という、言わば紀州藩のアキレス腱をつく作戦。

面食らったのは紀州藩です。

はじめは御三家の威光で龍馬側の賠償金の要求を無視していましたが、国際法を持ち出され、それを盾に一歩も引かない龍馬に根負けします。

結局、龍馬へ約8万3000両（現在の価値に換算すると約25億〜42億円）もの賠償金を支払うことで決着がついたのでした。

賭けに出た龍馬の勝利。しかし、それだけではありませんでした。

このとき龍馬は、「沈んだいろは丸には、これだけの鉄砲や金塊を積んでいた」と細かな明細を提出しましたが、2006年に行なわれたいろは丸の沈没場所の調査では、龍馬が主張した鉄砲や金塊などはいっさい発見されませんでした。

どうやら龍馬さん、**被害額をかなり水増ししていたら**しい。

この交渉術、ズルイと言えばそれまでです。

しかし、弱小の中小企業が、徳川御三家という大組織を相手にして、その弱みをつくことで手玉に取ったと考えると、むしろ痛快さを感じてしまいます。

▼坂本龍馬の有名なエピソードです。

自分の長い刀を自慢する旧友に、「そんなものは実戦では役に立たない、だんぜん短刀だぜよ」と龍馬。

次に会ったとき、旧友が短刀を見せると、「これからはピストルの時代ぜよ」と龍馬。

次に会ったとき、旧友がピストルを見せると、龍馬は**「武器よりも学問。これからはこれぜよ」**と言って法律の本を見せた。

このエピソードは実話ではなく、のちの創作であるというのが通説ですが、このときに龍馬が見せる法律の本というのが、いろは丸事件で効力を発揮した『萬国公法』です。

龍馬がこの本を持っていたことから生まれたエピソードなのかもしれません。

Point

ポイント

「大人の喧嘩」の武器は「相手が知らないもの」

元刑事が、相手の隠し事を見抜く方法

答えはすぐ横にある？

あるバラエティ番組で、家族が自分の家のどこかに百万円の札束を隠し、タレントたちが所定時間内に見つけられなければ、お金を手にできるというゲームが行なわれました。時間切れ間際に、タレント側の助っ人になった元刑事は、リビングのソファに奥さんと一緒に座っていた旦那さんに、「これから私が言う質問にすべて『いいえ』と答えてください。では、質問です。百万円を隠したのは居間ですか？」とそんな質問をします。

Question
問題

順番に家のなかの隠し場所について質問をした元刑事は、どうやって家族が百万円を隠した場所を見破ったのでしょう？

ヒント ノーヒント。

Answer 答え

旦那さんに質問をしながら、横にいた奥さんの表情を観察していた。

元刑事から直接質問をされている旦那さんは、必死になって表情を変えないように注意して「いいえ」と言います。

しかし、その旦那さんのすぐ横で、ハラハラしている奥さんは、自分が見られているとはまったく考えていませんでした。

そのため、元刑事が「百万円を隠したのは台所ですか?」と、正解の場所について質問したとき、**旦那さんの回答を心配するあまり、一瞬、表情が固まってしまい、それを見ていた元刑事に、あっさりと「百万円は台所に隠されている」と見破られてしまった**というわけです。

▼これと同じ手を、マジシャンが使っているのを見たことがあります。

タレントたちのなかから1人にトランプカードを渡し、「好きなカードを引いて、私に見えないようにして、皆さんでカードを確認してください」と言います。

そして、「これから質問しますから、すべて『いいえ』と答えてください。そのカードはハートですか？」と質問していき、そのカードのマークを当てるというもの。

もちろん、マジシャンは、質問している相手ではなく、**その後ろで見守っている他のタレントたちの表情を観察して、正しいマークを当てる**のです。カードを引いた人だけでなく、他の人たちにもカードを見せるのがミソというわけです。

▼中国の戦国時代を舞台にした原泰久《はらやすひさ》さんの人気漫画『キングダム』。そのなかにこんな場面がありました。

主人公の信《しん》が、まだ一介の歩兵で、初めて戦場に参加したときのこと。

相手の軍が、戦車で攻めてきたのです。もちろん、紀元前のこと。キャタピラがついた鉄製の戦車ではありません。大きな木製の車輪がついた馬車に2人の兵士が乗ったものを2頭の馬が引っ張るという代物です。

しかし、大地を走る歩兵たちにとっては、まさに脅威。猛スピードで走ってきたら、避《よ》けることもできず、ひき殺されてしまいます。反撃しようにも、戦車に乗った相手の兵士には、とてもじゃありませんが剣は届きません。

そんな戦車を相手に、信はどうしたか？

敵から奪った槍《やり》を、戦車に乗る兵ではなく、戦車の車輪に投げ込んだのです。

当然、木製の車輪はひとたまりもありません。戦車は転覆。乗っていた兵士は空中に高く投げ出されました。

ことわざに「将を射んと欲すれば先ず馬を射よ」とあります。この場合は、「兵士を倒さんとする者は先ず車輪を射よ」ですね。

このように、打開策を見つけたいときは、相手と真正面からぶつかるのではなく、相手の周りにいる人物や相手の武器に注目するなど、視点をずらすと突破口が見えることがあります。

Point
ポイント

真正面からぶつかって勝てない相手は、周辺に「攻めどころ」がある

ＪＲ九州で、新プロジェクトに猛反対する部長

反対者を賛成者に変えるには？

ＪＲ九州で実際にあった話です。

就任したばかりの新社長が「九州に世界一豪華な寝台列車を走らせる」という新プロジェクトについて、経営会議で提案をしました。すると、１人の部長が猛反対。この部長は社内でもトップクラスの知識と経験を持つ社員で、そのプロジェクトができない理由として、いくつもの課題を挙げたのです。

Question
問題

このとき、どうしても新プロジェクトを成功させたかった新社長は、どうやってこの部長を説得したでしょうか？

ヒント
「専門家を連れてきて説得してもらった」ですって？　違います。

Answer
答え

猛反対した部長を、新プロジェクトのリーダーにした。

「さすが○○部長、おかげで新プロジェクトの課題についてたいへんよく理解することができた。思うに、このプロジェクトを成功に導ける人物は君しかいない。どうか、プロジェクトリーダーになってもらえないだろうか」

と言ったかどうかは知りませんが、社長はこの猛反対する部長を新プロジェクトのリーダーに据えたのです。

すると、どうでしょう。

この部長は、「絶対にできない理由」として、自分が指摘した課題について、1つずつ着手し、次々と解決していったのです。

その結果、2013年10月に誕生したのが、各部屋シャワー・トイレ付の〈後にラウンジ〈夜はバー〉や茶室まで設置された〉日本初のクルーズトレインと銘打つ豪華列車「ななつ星in九州」でした。

猛反対している人を、逆にリーダーにしてしまう。まさに逆転の発想です。

『否定しない習慣』（フォレスト出版）などのベストセラーの著者で、リーダー育成家の林健太郎さんは、その著書のなかで、このJR九州の事例について、次のような意味のことをおっしゃっています。

「疎ましい存在として反対意見を唱える人から距離を置いたり、その人への文句を陰で言ったりするのは簡単です。しかし、それでは目指す目標を達成できない可能性があります。大切なのは、反対意見を唱える人をいかにして味方につけることができるかという、『巻き込み力』なのです」

▼2023年夏に放送された大作ドラマ『VIVANT（ヴィヴァン）』（TBS系列）のなかに、最強の敵を味方にする場面がありました。

ドラマの主な舞台は、中央アジアにある架空の国「バルカ共和国」。序盤はこの国にやってきた主人公の商社マン・乃木憂助（堺雅人）と公安警察の野崎守（阿部寛）の、この国からの脱出劇（日本大使館へ逃げ込む）が見どころとなります。そんな彼らをしつこく追いかけてくるのが、バルカ共和国の警察官・チンギスです。

強面のチンギスは、執念とも思える追跡を展開しますが、拘束寸前で乃木と野崎はなんとかバルカ共和国を脱出して日本に帰国。その後いろいろあって、バルカ共和国での指名手配が消えた野崎は、ある目的のために再び同国を訪れます。

そのときに、現地での仕事のパートナーとしてチンギスを指名するのです。

曰く、**「二度とあんたを敵に回したくない。だから、俺があんたを指名したんだ」**

驚くチンギス。しかし、ニヤリと微笑むと野崎に手を差し伸べるのでした。

この場面、私はドラマを見ていて、「えっ、あんなに憎々しかった相手と手を組むんだ」と、かなり驚きました。でも手を組んでみると、ものすごく頼りになる！

まさに、「昨日の敵は今日の友」。最強の敵は味方にすれば、最強のパートナーになります。

Point
ポイント

最もやっかいな相手は、最も頼りになる味方にもなる

自転車の無断駐輪をやめさせた貼り紙2選

たった1行で、効果絶大な貼り紙とは？

次の2つは、自転車の無断駐輪をやめさせるために、土地の持ち主が掲示した貼り紙の文言です。どちらも貼り出した途端、無断駐輪が激減した、効果バツグンだったものとなります。

Question
問題

○のなかにはどんな文字が入るでしょう？
【貼り紙1】『店の前に自転車を置かないでください。○○○○○○しりません』
【貼り紙2】『○○○○○置き場』

ヒント
どちらも「ここに自転車を置くのはアブナイ」と思わせる内容です。

Answer 答え

【貼り紙1】『店の前に自転車を置かないでください。どうなってもしりません』
【貼り紙2】『廃棄自転車置き場』

貼り紙1は、大阪にある某店舗のシャッターに掲示されたもの。こんな貼り紙が掲示されていたら、たとえ止めておいた自転車をスクラップにされても文句を言えません。

貼り紙2は、ネットなどで話題になったもので、すでに自転車の無断駐輪に悩む複数の方たちが使っている名コピーかもしれません。これも貼り紙1と同様に、止めておいた自転車を廃棄物として捨てられても、あるいは通りすがりの人に持って行かれても文句を言えません。

熊本県のある病院では、敷地内への無断駐車に対して、こんな文言の貼り紙をしているそうです。

「無断駐車をする方には、注射しちゃいます」

「駐車」と「注射」のダジャレ。お医者さんでなければ成立しないユーモアたっぷりの貼り紙です。まあ、効果のほどはわかりませんが……。

▼コンビニや店舗などで、雨の日に、入口にある傘立てに傘を立てておいて、いざ帰ろうとしたら傘を盗まれていた。そんな経験はありませんか？

ちゃんと、鍵をかけることができる傘立てがあればよいのですが。

問題は、お客が共同で使うタイプの傘立て。傘泥棒は、自分は古いビニール傘で来て、防犯カメラに注意しつつ、傘立てにある高級傘を抜いて、そのまま立ち去ればよいのですから防ぎようがありません。

そんな簡易的な傘立てで、何度も傘の盗難に遭っていたある男性。頭にきて、自分の傘の持ち手にあるものを結びつけたところ、ピタリと盗まれなくなったそうです。

いったい何を結びつけたと思いますか。

なんとその男性、**神社で引いた「凶」のおみくじを傘の持ち手にくくりつけた**のです。

効果はテキメン。たしかに盗んだら、何かすごい罰《ばち》が当たりそうです。

▼「いじめから抜け出す方法」。

「いじめから抜け出したければ、大勢が見ている前で、一度本気でブチ切れればいい。『こいつは、いざとなるとヤバい』と思ったいじめっ子は、もう二度と手を出してこなくなる」

そんなことができるくらいなら苦労はしないという感じですが、もし本当にやることができたら効果はありそうです。

やっかいな相手から自分や自分の持ち物を守りたいとき、このように「アブナイ奴」と思ってもらえれば、相手はなかなか手を出せないでしょう。

Point
ポイント

相手に「これはアブナイ」と思わせれば勝ち

大量に売れ残った紙テープを売ったアイデア

在庫の山を抱えてしまったときに

1915年のサンフランシスコ万国博覧会でのこと。

日本のある会社が、商品のラッピング用に紙テープを出品しました。しかし、アメリカでは商品ラッピングはリボンが普及していて、まったく売れません。

このとき、大量の売れ残り在庫に頭を抱える会社を救ったのは、サンフランシスコ在住の1人の日本人でした。この紙テープを安く買い取ると、ある方法でこれらを売りさばくことに成功したのです、

Question

問題

いったいどんな方法で、売れ残った紙テープを完売させたのでしょう?

ヒント

万博会場には、世界中から人が集まっていました。

Answer
答え

船でサンフランシスコを去る乗客と、それを見送る人たちに対して、「この紙テープで最後の別れの握手をしましょう」という宣伝文句で売り出した。

客船が港を出るとき、乗客やそれを見送る人たちが紙テープを投げ合う場面をご覧になったことがあると思います。

実はあれ、このサンフランシスコ万博のときの「紙テープを売りさばくためのアイデア」が、元祖だったのです。

アイデアを出したのは、サンフランシスコでデパートを経営していた森野庄吉さんという方。日本の会社が困っていることを知った彼は、**万博に集まったたくさんの観光客たちでごった返す港で、「この人たちに紙テープを売れないだろうか？」と考えます。**

そして、在庫の紙テープを安く買い取り、紙テープを別れの握手に見立てるというアイデアで売り出すことにしました。

彼のアイデアは大当たり。それこそ飛ぶように売れて、買い取った紙テープはめでたく完売したのです。

ちなみに、船の出航時に紙テープを投げることは、これをきっかけに世界に広まりました。しかし、しっかりと定着したのは日本だけとのこと。いっとき環境問題に配慮して禁止する向きもありましたが、水に溶ける紙テープを使うことで現在でも存続しています。

▼日清食品の「カップヌードル」をアメリカで売り出したときのエピソードです。

当時のアメリカでは、誰もカップ麺なんて食べたことはありません。そもそもどこのスーパーにも、カップ麺を置くコーナー自体が存在していませんでした。

そんな状況のなか、日清食品の営業スタッフは、いったいどうやってカップ麺をスーパーに置いてもらったのか?

実は、初めてカップ麺を見るスーパーの人たちに対して、こんな売り込み文句でアピールしたのだそうです。

「これは、具の多いスープです」

カップ麺ではなく、あくまで「具の多いインスタントスープ」として売り込むことで、インスタントスープのコーナーに置いてもらうことに成功したのです。

▼ニューヨークに出店した日本の博多料理店のエピソード。

明太子を「たらの卵」と訳してメニューに載せたところ、お客は気持ち悪がって誰もオーダーしてくれません。そこで一計を案じ、**名前を「博多スパイシーキャビア」に変更**してみると……。次々と注文が入り、瞬《また》く間に人気商品になったのでした。

使い方や売り込み方、商品名を変えるだけで、売れなかったものがヒット商品に化けることがあります。在庫の山を一掃することだって夢ではありません。アイデア1つが勝負です。

Point
ポイント

中身が同じでも、アピール方法によって在庫が宝の山になる

クレーム客から「土下座しろ」と言われたら

無理難題を要求されたとき、最高の武器になるものは？

あなたが、コーヒーショップの店員だとして、こちらの落ち度はまったくないのに、悪質なお客から、「なんだ、このコーヒーは。苦くて飲めないじゃないか。土下座して謝れ!!」と、明らかなイチャモンをつけられたらいったいどうしますか？

「悪質クレーマー対応の達人」によれば、そんなお客には、ある言葉を伝えるのがよいそうです。

Question

問題

土下座をせまる悪質なクレーマーに伝えるとよいのは、どんなひと言でしょう？

ヒント

もちろん「すみませんでした」と言って土下座をするのは不正解です。

Answer 答え

「土下座を強要されますと、お客様が法的に罰せられる場合もございますのでお気をつけください」と言う。

事実、店員に土下座をさせた画像をＳＮＳなどでアップした人間が処罰されていますので、この言葉、説得力があります。

では土下座ではなく、悪質クレーマーが、「このことをＳＮＳに書くぞ！」と言ってきた場合は、どう言うのがよいか？

その場合は、こう言えばよいそうです。

「ご自由にお書きください。ただし、事実と違うことを書かれた場合は、こちらとしても法的な対応をさせていただく場合もございますのでよろしくお願い致します」

おおっ。言葉は丁寧ですが、実に毅然《きぜん》としていますね。

さらに、こういうやり取りをしたお客からは絶対にお代はいただかず、最後にこう告げるのだそうです。

「二度とご来店なされませんよう、お願い申し上げます」

お代をもらわないことで、**「店とお客」という関係を断つ**のがミソです。

たとえ客商売であろうと、お店側にも、「お客を選ぶ権利」があるということ……いや、そもそも、そういう輩《やから》はお客でもなんでもありません。

▼悪質クレーマー対応の達人によると、悪質なクレーマーに対して、「店とお客」という関係を断つために、お代をいただかないのはよいこと。ただし、明らかな言いがかりをつけてきて（通常のクレームではありませんよ）、**「誠意を見せろ！」**と言う相手に対して、安易に「お代は結構です」と言うのはNGなのだとか。

なぜなら、「誠意を見せろ！」と言ってくる悪質クレーマーの狙いは、最初から支払いをタダにすることだからです。それに簡単に乗ったら相手の思うツボ。「これはいいカモだ」と思われたら、リピーターになってしまいかねません。

そんな、「金品せびり系」のクレーマーに効くのが、次のひと言です。

「お客様のおっしゃる『誠意』とは具体的にはどのようなことなのでしょうか？」

こう言われてしまうと、金品狙いの悪質クレーマーは言葉が出なくなります。自分から「タダにしろ」と言うと「恐喝」になってしまうことを知っているからです。

「言わなくてもわかるだろ！」と言われても、「いいえ、わかりかねます。はっきりおっしゃってください」と返していれば、相手は諦めて「もういい、今度から気をつけるんだな」となると。

「お客様は神様です」という言葉があります。でも、悪質クレーマーは、神様は神様でも疫病神です。毅然とした態度で追っ払いましょう。

Point
ポイント

たとえお客でも、理不尽な相手には毅然とした態度で。「法的手段」や理詰めも効果アリ

バイキングの食べ残しをピタリとなくしたアイデア

行動に結びつく、ちょっとしたモチベーションとは？

Question
問題

あるバイキング形式のレストランの話です。
このレストランでは、お客様の食べ残しが大きな悩みでした。いくら「食べられる分だけお取りください」と掲示しても、どうしても食べ残しが減りません。
そこで、あるルールを採用したところ、この食べ残しがピタリとなくなったのです。

バイキングの食べ残しをピタリとなくしたのは、どんなルールだったでしょう？

ヒント
「食べ残したお客様から罰金を取った」ですって？　違います。

Answer
答え

食べ残しを出さなかったお客様には、お会計のとき、1人100円を返金。

バイキング形式のレストランにとって、お客様の食べ残しは大問題です。「お皿に取った料理は残さずにお召し上がりください」

店内にそんなお願いの貼り紙をしても、食べ残しはなかなか減らないもの。お店にとって損失なだけでなく、フードロスの観点からも問題です。

食べきれなかった分はお持ち帰りにしていただくのも手ですが、食中毒のことを考えると、特に夏場はお持ち帰りも避けたいのが本音。

そこで採用したのが、この100円のキャッシュバック方式。初めから安いより、この「お金が戻ってくるおトク感」というのは、インパクトが違います。

たったの100円ではありますが、残さず食べるだけで、家族5人なら500円のお得。子どもに「ちゃんと残さず食べなさい！　そしたら、ジュースを買ってあげるから」と言っている親御さんの姿が目に浮かびます。

▼伊丹十三監督の映画に、『スーパーの女』という作品があります。

内容は、宮本信子さん演じるスーパーが大好きな主婦が、津川雅彦さん演じる幼なじみが経営する売れないスーパー「正直屋」の立て直しに奮闘するというコメディ。

そんな映画のなかでお盆のセールについて、主人公がこんなアイデアを出す場面があります。

「店内の全品を1割引きで売りましょう！」

店員たちからは、「ライバル店が、半額セールや3割引きをやっているのに、1割引きなんてインパクトがない」と反対されますが、ここで主人公は、こんな啖呵《たんか》を切るのです。

「（ウチのスーパーでは）今まで6000アイテムのうち200アイテムがセールの対象だった」

「それを全商品1割引きにする」

「賢明な主婦がこのチャンスを見逃すはずがない」

店員たちは半信半疑でしたが、いざフタを開けてみると、全品1割引きセールは大成功。店内は、普段は手を出さない高額商品や、買いだめが利く消耗品を買い求める主婦で、押すな押すなの大混雑になったのです。

これも、（映画ではありますが）わずか1割であっても、「おトク感」を刺激し、人を動かした例です。

ちなみに、この映画の原作小説の著者はスーパーの社長さんでした。

そのため、「商品名の偽装」や「売れ残り商品をパックし直して日付を変えて売るリパック」など、当時のスーパーの裏事情がかなりリアルに描かれています。

そのリアルさから、この映画を社員研修に使うスーパーも現れ、映画を観て感動したスーパーの店員たちが、上層部に「私たちは、自分たちのスーパーをこの映画に出てくる正直屋のような店にしたい」と訴えたというエピソードも残っているそうです。

Point
ポイント

人は「おトク感」で予想以上に動く

丸亀製麺、売り上げダウンを救ったメニュー

「競走からの離脱」でV字回復へ

日本のうどん業界で、トップシェアを誇る讃岐うどん専門店「丸亀製麺」。2000年に1号店を開業以来、順調に業績を伸ばしていました。
しかし、店舗数が増えて同じエリアに複数店舗を開店したことで売り上げを食い合い、2014年に減益に陥ってしまいます。

Question
問題

売り上げ回復を狙って、あるコンセプトのメニューを導入し、それが大ヒット。業績をV字回復させることに成功しましたが、それはどんなコンセプトのメニューだったでしょう?

ヒント
価格やボリュームをどうしたかを答えてください。

Answer
答え

ボリュームたっぷりで、高価格のメニューを導入した。

これ、ちょっと考えると、安いメニューを導入してしまいそうです。

しかし丸亀製麺は、もともと安い価格でうどんを提供するお店。価格競争に走ったら、自らの首を絞めることになりかねません。

そこで考えたのが、**原価をしっかりとかけた高付加価値のメニュー**でした。

このとき導入した商品は、その名も「肉盛りうどん」！ 当時、客単価が約520円というなか（トッピングや副菜も含めた値段です）、単品で590円という強気の価格設定です。

このメニュー、試行錯誤の段階では、うどんの上に牛丼のように牛肉を盛る予定でしたが、**「これではインパクトがない。ダイナミックでないと意味がない」**と考えて却下。玉ネギと一緒に甘辛く煮込んだ牛肉は、別のお皿に山盛りにしたのだとか。

まず、実験店舗で売り出してみたところ、その味とボリュームがお客様の間で評判になり大好評。「これは、いける！」と、大々的にテレビCMを打って全国展開し、空前の大ヒットとなったのです。

丸亀製麺がV字回復に成功したのは、窮地に陥ったとき、「守りに入る」のではなく、「強気の新メニューで攻めに出た」結果でした。

また、コロナ禍では、「持ち帰りメニュー」に力を入れます。

テイクアウトでも手作り・できたてを貫き、作り置きせず、丸亀製麺のよさをお弁当スタイルに詰め込んだ「丸亀うどん弁当」。約2年で3500万食を売り上げました。

ブランドの体験価値を守り続けたうえで、丸亀製麺にしかできないテイクアウト商品を開発し、コロナ禍を乗り切ったのです。

▼高付加価値の高額メニューとは真逆に攻めて成功したのが、イタリアンファミリーレストランチェーン「サイゼリヤ」です。

1973年、サイゼリヤの創業者・正垣泰彦さんは「これからはイタリア料理だ」と自信満々で1号店をオープンさせたものの、なかなか業績は伸びません。

「このままではつぶれるしかない」と、半分はやけ気味になって、全品7割引きを開始。世の中の「イタリア料理はこれくらいのお値段」という常識を破壊することに成功し、V字回復を果たしました。

丸亀製麺とサイゼリヤに共通したのは、攻めの姿勢による**「脱競争」**。**競争相手の顔色を見るのではなく、お客様を驚かせて満足してもらったら、成功はあとからついてきた**といえるのではないでしょうか。

Point
ポイント

同じ土俵で戦わなくてもいい。「脱競争」が成功への近道となることもある

イタリアのレストランでメニューにないピザを頼んでみたら

シェフが耳打ちしてきた、ウルトラCの対応とは？

ワイン関係の仕事で、30年以上も日本とイタリアを行き来する宮嶋勲さんの著書に出てくる話です。

アマルフィ海岸の有名レストランで食事中、明日には日本に帰国する女性が「せっかくここまで来たのだから本場のピッツァが食べたい」と言い出します。ピザはピザ屋さんで食べるもので、レストランのメニューにはないのですが、ダメ元で給仕長に事情を説明して相談してみると、給仕長からある提案がありました。

Question

問題

給仕長は、いったいどんな提案をしてきたのでしょう？

ヒント

この提案によって、女性はピザを食べることができました。

Answer 答え

「どうしてもとおっしゃるなら、キッチンに来てつまんでください。ピッツァは、シェフの親戚がやっている店から持って来させますから」

宮嶋さんによると、イタリア人には**「どんなに無理なお願いも、ダメ元でお願いしてみる。そして、それを断られてもまったく気にしない」**という考え方があるとのこと。

このときの宮嶋さんは、このイタリア人のダメ元精神を発揮して、レストランではピザがメニューにないことをわかったうえで、「もしかしたらなんとかしてくれるかも」という思いで給仕長にお願いしてみたわけです。そのベースには、イタリア人が、基本的に**「他人のわがままに寛容」**であるという思いもありました。

案の定、「ウチはレストランなので」と困った顔の給仕長に、「彼女は明日、日本に帰ってしまうのですが、一度でいいから本物のナポリピッツァを食べたいと言っているのです」と再度お願いすると、「少しお待ちください」と言ってくれました。そして、5分後に耳打ちされたのが、この提案だったのです。

こうして宮嶋さんたちは、見学に行くフリをしてキッチンに入り、熱々のピザを頬張り、何食わぬ顔で席に戻って高級料理の続きをいただくことができたのでした。

宮嶋さんによれば、同じイタリアでもミラノなど北部の都市では、割とルールを守るものの、南イタリアは、**「規則はあってなきがごとし。抜群の対応力があり、融通が利いて温かい」**という気質があるとのこと。

事実、このときもキッチンのスタッフたちは、キッチンでピザをいただく宮嶋さんたちに温かいまなざしを向け、微笑みながら「やはりピッツァはナポリ風が一番ですよ」などと話しかけてくれたそうです。

▼「イタリアが嫌い」という人がよく挙げる理由。それは、「時間にも仕事にもルーズ」だということ。

パーティーの開始時間が1時間遅れたり、記者会見のスタートが30分遅れたりするなどは日常茶飯事。レストランでは店員同士がおしゃべりに夢中でオーダーを取りに来ない、公共窓口で受付の人が携帯電話で家族と無駄話をしているなど、時間や仕事へのルーズな行為がまかり通り、それに文句をつける人もいないのだとか。

なぜか？　宮嶋さんによれば、それは、**自分たちもルーズだから、ルーズに対して寛容**

なのだそうです。

たとえ、レストランの店員同士がおしゃべりをしていても、声をかければ話すのをやめて、すぐにサービスをしてくれるから、なんの問題もないと考える。

「好きにさせておいたほうが、ちゃんと仕事をしてくれるでしょ」という発想なのだとか。

もちろん、こんな自由なイタリア式の働き方は日本では通用しないでしょう。時間通り、予定通りに仕事が進み、働く人がオンタイムとオフタイムをきっちりと分けているのは、日本のよさでもあります。

でも、そんなきっちりとした生活に疲れてしまったら……。

ときには、イタリア式に、**ルーズに、「時間に縛られない時間」を楽しんでもよい**のではないでしょうか。

Point
ポイント

ときには、ルールや時間に支配されない発想と行動を!

第4章

チャンスをつかむきっかけを増やす

バット作りの名人へ、イチローからの電話

一流の人がこだわるモノとは?

イチロー、松井秀喜、落合博満など、名だたる名選手のバットを手がけ、かつて、「バット作りの名人」と呼ばれた職人・久保田《くぼた》五十一《いそかず》さん。一流選手ほど、一度しっくりきたバットの形は変えないもの。イチローさんもプロ入り2年目に久保田さんのバットと出合い、その後バットに調整を加えたのは、メジャーリーグ入りしたときに少し軽くしたのみ。工場への訪問どころか、電話が入ることもなかったそうです。

Question

問題

そんなイチローさんから、ある日、久保田さんにめずらしく電話が入ります。その内容はいったい何だったでしょう?

ヒント

イチローさんは、あることをお詫びするために電話してきました。

Answer
答え

「(試合で凡退したときに)バットを投げて申し訳ないことをしてしまった」というお詫びの電話。

チャンスで三振してバットをへし折る血の気の多い選手に、聞かせたいような話です。

イチローさんに限らず一流といわれるアスリートは、共通して道具を大切にします。自分の力を最大限に引き出してくれる道具を探し、見つけるとその道具にこだわり、感謝の気持ちを持って大切に使う。納得できる道具には、お金を惜しまないのも共通しています。

この精神、実はビジネスマンも同じです。仕事ができる一流のビジネスマンは、たとえばパソコンなどにお金を惜しみません。無駄遣いはしませんが、何よりも機能重視。機能が足りないために余計な時間をかけるより、多少お金がかかっても最大のパフォーマンスができる道具を選びます。

「弘法筆を択《えら》ばず」は、どれも同じような道具を使っていた時代の話。道具がピンキリになった現代では、**「弘法筆にこだわる」**が正解です。

▼このバット作りの名人に、クレームをつけたことがあるのが落合博満さんです。

あるとき、2本のバットを持って久保田さんが働くミズノテクニクス社の工場にやってきた落合さんは、こう言ったのです。

「こっちのバットのグリップが（いつものバットと）違う」

久保田さんが測定してみると、たしかにそのバットは落合選手仕様に作っているバットよりも、グリップが0・2ミリ細かったのです。実はその時期、久保田さんは老眼でメガネをかけ始めたばかりだったのが原因でした。

それにしても、1ミリではなく0・2ミリの違いです。それだけの微妙な差で握ったときにしっくりこなくなるのですね。さすが、三冠王を3回も獲得している一流選手です。

▼久保田五十一さんは、2014年4月、71歳のときにバット作りから引退しています。その後継者として指名され、技術を継承したのが名和民夫さんです。

久保田さんが、自分の後継者として名和さんのことを、まだ現役だったイチローさんに紹介したのは、2008年のこと。名和さんは、そのときに聞いたイチローさんの言葉が鮮烈だったと、のちのインタビューで答えています。

久保田さんから名和さんを紹介されたイチローさんは、名和さんの目を見てこう言ったそうです。

「作り手が変わるというのは、僕にとっても非常に怖い部分があります。なので、相当の覚悟を持って仕事に臨んでください」

イチロー、怖!

バットへのこだわりが伝わってくる言葉ですが、その言葉を聞いた名和さんは、頭のなかが真っ白になり、それ以降の会話を覚えていないとのこと。その気持ち、わかります。

Point
ポイント

最高のパフォーマンスを求めるのであれば、道具にこだわる

女優の芳根京子を本気にさせたマネジャーの言葉

本気になると見えてくること

NHK朝の連続テレビ小説『べっぴんさん』のヒロイン役などで知られる女優・芳根《よしね》京子さん。

今でこそ演技派として定評がありますが、実はデビュー当時、「女優という仕事に本気になれなかった」のだとか。そんな彼女に業を煮やしたマネジャーは、ある日ついにキレてしまい、「今、オマエが辞めても事務所は損も得もしない！」と言ってしまいます。

Question

問題

マネジャーのこの言葉を聞いた芳根さんはどう思ったでしょう?

ヒント

そのときの思いが、彼女を本気にさせました。

Answer 答え

「だったらすごい女優になって、辞めるときに、事務所に『損した!』って言わせてやる!」

芳根さんの女優デビューのきっかけは、高校1年生のとき、あるミュージシャンのライブへ出かけた際、会場でスカウトの目にとまったこと。つまり、自分から「女優になりたい!」という夢を持ってオーディションを受けたわけではありませんでした。

そのせいか、本人曰く**「女優という仕事になかなか本気になれなかった」**とのこと。

そのため、マネジャーから注意されても受け流してしまうし、「この本を読んだほうがいい」と勧められても読む気になれない……と、そんな日々でした。

こうした態度に、とうとうマネジャーがキレてしまったわけです。

「今、オマエが辞めても事務所は損も得もしない!」って、つまり、「オマエ程度の女優、いてもいなくても一緒だ」と言われたわけで、これを聞いた芳根さんはさすがにカチーンときます。

そして、彼女の「本気」に火がついたのです。不思議なもので、**本気で取り組むように**

なった途端、女優という仕事がどんどん面白くなったそうです。

ウソかホントか、芳根さんは演技がうますぎて、自分の演技がかすんでしまうからと、一部の女優から共演NGを出されていたこともあるそうです。真偽のほどはわかりませんが、そんなウワサが立つほどの名女優になったということです。

▼映画『ビリギャル』（土井裕泰監督・有村架純主演）には、弁護士の親に反発して勉強をしない男子生徒に、塾の先生が、およそ次のような提案をするシーンがあります。

「（君の親への）すんごい復讐を思いついちゃった。君はこれから勉強して大学の法学部に入る。司法試験にも受かるけれど、弁護士にはならないんだ。どう？　究極の復讐だと思わない？」

この言葉を聞いた男子生徒は、すっかりやる気になり、猛勉強を始めます。これは、親への「反発心」を利用して「やる気の導火線」に火をつけた例ですね。

映画のなかの彼も、途中から「先生にまんまとハメられた」と気がつきますが、そのときにはもう勉強が面白くなっているのです。

▼落語家の10代目柳家小三治《やなぎやこさんじ》さんが、師匠である今は亡き人間国宝・5代目柳家小さんさんの前で初めて落語を聞いてもらったときのこと。必死の思いで一席を終えると、小さん師匠はひと言、こう言ったそうです。

「おめぇの話はつまんねえな」

これが、心の底からの感想だったのか、生《き》まじめに古典落語をなぞるだけだった若き日の小三治さんへの愛のムチだったのかはわかりません。

いずれにしてもこの言葉で、小三治さんは、「面白い落語家になろう」と思ったのですね。

のちに小三治さんは、趣味のバイクの話などを積極的にまくら（落語の本題に入る前の世間話）に入れて、爆笑をとる「面白い落語家」になったのです。

Point
ポイント

つまらないと思っていたことも、本気になると面白くなる

口下手だったローランドが、ホスト界の帝王になれたきっかけ

いかに自分をアピールしたか？

Question

問題

「世の中には2種類の人間しかいない。俺か、俺以外か」などのビッグマウスで人気のローランドさん。

「現代ホスト界の帝王」と呼ばれ、現在はアパレルや脱毛サロンなどの実業家として活躍する彼ですが、ホスト新人時代は口下手で人気が出ず、極貧生活が続いたそうです。

そんなローランドさんが、注目されるきっかけになったのは何だったでしょう？

ヒント

このままではいけないと思って、あることを始めたのがきっかけでした。

Answer 答え

ブログを始めて、そのなかでビッグマウスを連発した。

小さい頃の夢はサッカー選手になることだったというローランドさん。サッカーの名門、帝京高校にサッカー部の特待生として入学するほどの逸材で、自分でも「Jリーガーになれて当たり前」だと思っていたそうです。

ところが自信過剰から練習をなまけ、気がつけば周りの選手たちに抜かれてレギュラー落ち。試合にすら出られなくなり、人生初の挫折を味わいます。

大学生になっても、何の目標もなく抜け殻状態だったローランドさん。

そんなとき、頭にふと浮かんだのは、小学生のときに漫画『夜王《やおう》』で見て「カッコイイ」と憧れたホストの世界でした。

「一流のホストになって人生を逆転したい！」

そう決心し、大学を中退。新宿のホストの世界へと飛び込みました。

しかしそれまで、まともに女性と話したこともなかったローランドさん。口下手でお客からは相手にされず、先輩たちからは容赦ないイジメを受けます。

「一攫千金で人生逆転」どころか、家賃6万3000円のボロアパートに住み、50円のパンで空腹を満たす日々。
正直、地獄のような毎日でしたが、ローランドさんの支えになったのは、サッカーの挫折で味わった屈辱でした。

「ここで逃げ出したら、また同じ屈辱を味わうだけだ」

そう奮起し、一発逆転を狙って始めたのが「ブログ」だったのです。
とはいえ、ただのブログでは面白くないと考えたローランドさん。ブログのなかで、ビッグマウスを連発します。

「出る杭は打たれるって言うけど、杭が東京スカイツリーくらいだったら打たれないでしょ」

「カードが切れる男よりも頭のキレる男のほうがセクシーで楽しいだろ？」

するとどうでしょう。そんな書き込みを読んだお客が、「あなた、面白いわね」と少しずつ指名してくれるようになったのです。

「新宿にとんでもないビッグマウスのホストがいる」

ネットによって口コミで評判が一気に広がり、ローランドさんはたちまちホスト界の有名人に。1日の売り上げで5500万円や、年間の売り上げで1億7000万円という偉業を達成したのでした。

サッカーでの挫折をエネルギーにして人生逆転を果たしたローランドさん。

その**逆転のきっかけは、ダメ元で始めたブログだった**のです。

▼かく言う私も、ただのサラリーマンから執筆業への転身のきっかけになったのはブログでした。「いつかは本を書くために」と、「とりあえず1000回は書こう」と始めたブログがきっかけとなり、それが本を出すという転機につながったのです。

Point ポイント

「発信すること」は、成功へのきっかけになる

『ザ・シェフ』の原作者が、漫画原作者を目指したワケ

成功する人の「ターゲットの選び方」

『ザ・シェフ』『女医レイカ』などの漫画の原作者であり、『漫画原作で印税1億円を稼ぐ方法』（東洋経済新報社）という著書もある剣《つるぎ》名《な》舞《まい》さん。

剣名さんが漫画の原作者を目指したのには、ちゃんとした理由がありました。

Question
問題

剣名さんが、漫画家でも小説家でもなく、「自分は漫画の原作で行こう！」と決めた最大の理由とは何だったでしょう？

ヒント

「漫画が好きだから」ではなく、マーケティング的な考え方でした。

Answer
答え
競争相手が少なかったから。

剣名さんが漫画原作に注目するきっかけとなったのは、漫画『あしたのジョー』でした。「絵が下手な自分は、ちばてつやさんのような漫画は描けないけれど、原作者の高森朝雄さん（『巨人の星』などの原作で知られる梶原一騎《かじわらいっき》さんのもう1つのペンネーム）のように、物語を作ることならできるかもしれない」と考えたのです。

そう考えたとき、さらに背中を押してくれたのが、**「漫画家はたくさんいるのに、漫画の原作者はほとんどいない」という事実**でした。

かつて漫画原作者という仕事は、ライバルがほとんどいない「ブルーオーシャン」だったのです。

漫画原作者になると決心した剣名さんは、「小池一夫劇画村塾」の二期生として入塾。ここで漫画原作のノウハウを学び、25歳のときに漫画原作者としてデビュー。現在は、「株式会社 剣名プロダクション」の代表取締役として、漫画原作者・作家・プロデューサーとして活躍されています。

▼ブルーオーシャンといえば、営業職についたら一度くらいは耳にする有名な話（たぶん、作り話）があります。それは、アラスカやカナダ北部などに住む先住民たちへ、冷蔵庫を売り込もうとするセールスマンの話です。

あるセールスマンは、現地へ市場調査に向かい、こんな報告をしてきました。

「だめです！　あまりにも寒くて、そのへんに置いておいても食べ物はまったく腐りません！　これでは、冷蔵庫なんて1台も売れません！」

しかし、別のセールスマンはこんな報告をしてきたのです。

「素晴らしいです！　ここでは、そのへんに置いておくと食べ物がカチンカチンに凍ってしまって調理ができなくなります。それなのに、どこの家庭にも冷蔵庫がないんです。これは、食べ物の保管用に、いくらでも冷蔵庫が売れそうです！」

まったく同じ状況を見て、ぜんぜんニーズがないと思うか、ブルーオーシャンと思うか。

それが天国と地獄の分かれ目です。

▼型落ちした古い「食器乾燥機」。

これが、意外な顧客たちの間でヒット商品になっているそうです。

その顧客とは、プラモデル制作にハマっている人たち。

そんなものを買って何に使うのかというと、「プラモデルを乾燥させるためのドライブース」として、「大容量&タイマー付き&安価」という点が最適なのだとか。

食器乾燥機を作ったメーカーも、まさかそんなニーズがあろうとは、夢にも思わなかったことでしょう。

×（バツ）印だって、ちょっと斜めから見れば、＋（プラス）に変わります。

見方を変えるだけで、すぐそこにブルーオーシャンは広がっています。

Point
ポイント

ブルーオーシャンは意外にすぐ近くにある

営業コンペで300戦無敗を実現した必殺技

クライアントに「必ず選んでもらう」ための知恵

社員数16人というITベンチャー企業で、技術とマーケティングを担当していたある部長さんの話。このベンチャー企業が経営難に陥り、ソフト開発の技術者でもあるこの部長さんも営業と同行して、お客様を訪問することになりました。そして、お客様にシステム開発の提案をする「営業コンペ」において、競合企業であるIT大手企業を相手に「300戦無敗」という信じられない実績を上げることに成功したのです。

Question
問題

この部長さんは営業コンペで、どんな提案方法をすることで、お客様からの受注を勝ち取り続けたのでしょうか?

ヒント

ベンチャー企業の強みを生かしました。

Answer
答え

事前にお客様が実際に使っているデータをお借りし、そのデータを使って、お客様が抱える問題を解決するソフトウェアのデモをお見せした。

この部長さん、日本IBMを皮切りに、IT企業4社を渡り歩き、現在は独立起業されている井下田《いげた》久幸《ひさゆき》さんという方。この問題にある、「ビジネスコンペ300戦無敗」という経験などから、『コンペ300戦無敗のトップエンジニアが教える 理系の仕事術』（かんき出版）というビジネス書も上梓されています。

井下田さんは、社員数16人のITベンチャー企業の部長時代に、経営の危機から、技術者でありながら営業とともにお客様訪問を経験。このとき営業コンペで、**「弱小ITベンチャー企業が、大手IT企業に勝つ方法」**を見出します。

技術者である井下田さんは、たとえばお客様から「こんなことはできないか？」と聞かれたとき、「その要望が実現不可能な要望なのか、それとも、営業コンペまでにソフトウェアの試作品を完成させてデモを見せることができる要望なのか」をその場で判断することができました。そこで、殺し文句です。

「こういうやり方でもよろしければ、コンペのときにデモをご覧いただけます。つきましては、今、御社でお使いのデータを貸していただけませんか？」

こう言われたら、お客様は喜んでデータを渡してくれます。

そして、コンペの当日までに死に物狂いでデモ用のソフトを完成させて、コンペでは、そのソフトウェアのデモをお見せする。お客様は、当然のように井下田さんの会社に発注してくださったというわけです。

大手のソフト開発会社では、そんな面倒くさいことは絶対にやりません。

コンペでは、せいぜい自社製品のソフトウェアの機能を説明して、「こんなことができます」とアピールする程度。そもそも大手企業では、試作品のソフトを開発するための社内承認に時間がかかってしまいます。

つまり井下田さんは、**早ければ1時間後には試作品開発のゴーサインが出るというベンチャー企業の強みを生かして、大手に対抗し、連戦連勝を続けた**というわけです。

たとえ大企業が相手でも、大企業にはない強み（小回りが利く。お客のニーズに細かく対応できるなど）を生かせば、中小企業でも十分に勝てるということです。

▼韓国のサムスン電子が作ったスマートフォンは、アラブ諸国で大人気なのだそうです。その理由は……。サムスン電子のスマートフォンには、**「メッカがどっちにあるか？」がわかる方位磁石のアプリが標準装備されている**からなのだとか。

1日に5回、聖地メッカがある方角を向いてお祈りをするイスラム圏の人たちにとって、これほど便利な機能はありません。

売れる商品には、ちゃんと売れる理由があるのです。

Point
ポイント

相手が本当に欲しいものを用意できれば無敵

会社のイベントでテツandトモが大人気の理由

相手から喜ばれる裏ワザ

「昆布が海の中で出汁が出ないのなんでだろう〜」

「教室のカーテンに巻きついて遊んでいるやつなんでだろう〜」

石澤智幸さんのギター演奏と中本哲也さんの激しいダンス（？）で、素朴な疑問をネタにするお笑いコンビのテツandトモ。実はこの2人、コロナ禍を除き多いときには年間約200本の舞台をこなした人気コンビなのです。

Question
問題

彼らは企業のイベントや地元のお祭りなどで引っ張りだこ。いったいなぜ、素朴な疑問をネタにする2人が、そんなにも人気なのでしょう？

ヒント

ある理由から、彼らの舞台はイベントで大ウケになるのです。

Answer 答え

事前に取材して、そのイベントならではのネタを披露しているから。

たとえば、会社の創業○周年パーティーの余興でネタを披露するとき。

事前にその会社の企業理念や社訓などを調べて、ネタの中に取り入れるのです。

ただ、インターネット上で公開されている情報だと、たまに間違いがあり、信用すると取り返しのつかないことにもなりかねません。そのため、イベントの事務局の人との打ち合わせなどで、社員から直接、社長のちょっとしたクセだとか、名物社員についてなどをヒアリングし、それを「なんでだろ〜」とネタにする。

そんな事前リサーチによって、そういうネタを言っても大丈夫かという社風を考慮したうえで、「○○社長が、朝礼で話すとき、ダジャレを入れるのなんでだろう〜」なんて、その会社専用に、**カスタマイズしたネタ**を披露するのです。

そういうネタは、ドカンと笑いを取れるだけでなく、「この余興のためだけに、わざわざ調べてくれたんだ」と、お客様が感心して感謝してくれます。

地方でのイベントも一緒。現地に着いたら、すぐに地元の人たちと会話してネタを仕入れます。こうして、地元民に愛される駅前の美味しいラーメン屋さんの「あるあるネタ」を入れ込んだりする。するとお客様が「そうそう！」って笑ってくださる。テレビでカメラの向こうにいる不特定多数の視聴者に向けてネタをやるのとは、まったく違う。目の前のお客様が笑って、喜んでくれることが、こうしたイベントや地方の舞台の魅力。テツandトモのお2人は、そのやりがいにハマっているのです。

トモさん（石澤さん）は言っています。

「お客さんが『なんでそれ知ってるの？』って思ってくれるかどうかが大事なんです」

お客様に合わせてネタをカスタマイズすることで、お客様に「なんでだろう！」って思ってもらっているのですね。

▼1924年創業のフランス菓子メーカー・株式会社コロンバン。洋菓子業界で唯一の宮内庁御用達《ごようたし》という銘菓ですが、1980年代をピークに、2000年代には売り上げが低迷。いっときは、「倒産の危機」とまでいわれました。

この危機を救ったのが、**お客様に向けた「お菓子のカスタマイズ」。**定番のクッキー『フールセック』の缶フタとお菓子自体に、大学の校章や企業ロゴなどをプリントするサービスをスタートしたのです。

大学の校章入りクッキーは卒業・入学時の記念品として大好評。企業ロゴ入りクッキーは、株主総会や周年イベント時の手土産として喜ばれてヒットに。

このカスタマイズがよかったのは、多くのお客様がリピーターになってくださったこと。さらにオリジナルオーダーが知られることで、結婚式の引き出物や出産内祝いなど、個人にまで客層が広がり、業績はV字回復したのです。

Point
ポイント

「相手ならではのもの」を提供しよう

ツキを呼ぶ「5つのルナ」

やってしまうと、運を遠ざける5つのこと

京都にある「二尊院《にそんいん》」というお寺に伝わる「人生五訓」です。

【○○るな
○○るな
○○るな
くさるな
おこたるな】

Question
問題

最初の3つに入る、「るな」がつく言葉は何でしょう?

ヒント
この五訓を守れば幸福になれるといわれています。

Answer 答え

あせるな　おこるな　いばるな

二尊院は、京都市右京区嵯峨にある天台宗のお寺。その名は釈迦如来《しゃかにょらい》と阿弥陀如来《あみだにょらい》をご本尊にすることからだとか。そんな二尊院に伝わるのが、この「人生五訓」です。

「あせるな　おこるな　いばるな　くさるな　おこたるな」

考えてみれば、「あせる」「おこる」「いばる」「くさる」「おこたる」って、全部、不幸や失敗、周りからの信頼を失う原因ですよね。それをやめるのですから、必然的にツキがめぐってきて、幸せに近づきます。

1つずつ見てみましょう。

▼「あせるな」

「努力しているのに、どうして結果が出ないんだろう」って、ついついあせってしまうのが人の常。特に、「同期はみんな出世しているのに」なんて他人と比べると、あせってしまいがち。「自分は自分、人は人。周りなんて気にせず、一歩一歩確実に」ですね。

私の友人は、就職活動に失敗し、長らくフリーターという社会人のスタートでしたが、

40歳を過ぎてから趣味を生かして起業。今、同輩たちが「近づく定年」に不安を抱くなか、社長として世界を飛び回っています。あせる必要なんてないんです。

▼「おこるな」

ことわざにある、「笑う門には福来る《きた》」「短気は損気《そんき》」。ゲーテ曰く、「人間の最大の罪は不機嫌である」。いつもしかめっ面の人には誰も近づきませんし、チャンスも来ません。

▼「いばるな」

本当に一流の人ほど、誰に対しても同じ態度で接するものです。「自分は成功者」とばかりに周りにいばり散らすような人は、どんなに社会的な地位が高くても二流の人です。

ある若手の女性タレントが、「本当にスゴイ人は、わざとタメ口をきいたりすると、面白がって可愛がってくれる。逆にそれほどでもない人ほど、『なんだ、その口のきき方は』って怒る」と言っていました。これ、真理をついていると思います。

▼「くさるな」

なかなかうまくいかないと、だんだん気が滅入ってきて、くさってしまうもの。そんなときは、「世の中はうまくいかないから面白い」って思いましょう。簡単にクリアできるゲームほどつまらないものはありませんよね。

▼「おこたるな」

織田信長の言葉です。

「才のある者は、鍛錬を怠る、自惚れる、しかし、才がない者は、日々努力する」

才能があっても調子に乗って油断していると、才能はなくても、日々努力している人に抜かれてしまう。そして油断は、ときに大事故にもつながります。

ツキを呼ぶ「5つのルナ」、お忘れなく！

ちなみに、この文のタイトルは、「ツキ（月）」と、月を意味する「ルナ」をかけてみました。えっ、「いちいち説明すルナ」ですって？ 失礼しました！

Point
ポイント

5つの「ルナ」を守って、運を引き寄せる

売れる営業スタッフが、スマホに千社札シールを貼る理由

実はとても意味がある、小さな行動

マーケティングプランナーの本間立平《たつへい》さんが、著書のなかで書いている話です。

ものすごくよく売れる営業スタッフが、なぜかスマホや手帳に自分の名前が印刷された「千社札シール」を貼っていることに気がついた本間さん。「どうして、そんなシールを貼っているんですか？」と聞いてみると、なるほどと思える回答がありました。

Question

問題

売れる営業スタッフが、自分の名前が印刷された千社札シールをスマホや手帳に貼っている理由はいったい何でしょう？

ヒント

もちろん、ただの縁起かつぎではありません。

Answer
答え

商談のとき、相手のお客様が自分の名前を間違えないようにするため。

スーパーやレストランでも、店員が胸に名札をつけているところがあります。でも営業スタッフは、まさか**スーツの胸に名札をつけるわけにはいきません。**その代わりに、自分の持ち物に自分の名前が入った千社札シールを貼って、商談相手が自分の名前を忘れてしまっても困らないように気遣いをしていたというわけです。

自慢ではありませんが、私は人の名前と顔を覚えるのが大の苦手。一度に複数の人たちと初めてお目にかかるとき、名刺交換をして、それをテーブルに置けるならよいのですが、そうでないときは、手帳に名前を書いて、会話中のカンニングペーパー代わりにすることもあるくらいです。さらに次にお目にかかったとき、顔と名前がわかるよう、手帳にサラサラと相手の似顔絵を描くことも……。

私のように相手の名前を覚えるのが不得意な人にとって、千社札シールは本当に助かります。おそらく、「気が利く営業だな」と感じている取引先の方がたくさんいるのではないでしょうか。

千社札シールなんて、ほんの小さな気遣いかもしれません。しかし、**「神は細部に宿る」**です。売れる営業スタッフは、細かな点にまで神経が行き届いていることがわかります。

▼「名前のど忘れ」と聞くと思い出す、昭和を代表する名人落語家・8代目桂文楽《かつらぶんらく》さんと5代目古今亭志ん生《ここんていしんしょう》さんのエピソードです。

桂文楽さんは、いわゆる完璧主義者。1つの噺を細部まで綿密に作り込み、精密機械のように演じるという芸風でした。

そんな文楽師匠は、1971年の8月。78歳のときに、『大仏餅』という演目のなかに出てくる人物の名前をど忘れしてしまいます。

高座で絶句した師匠は、**「台詞を忘れてしまいました……申し訳ありません。もう一度……勉強し直して参ります」**と言うと深々と頭を下げ、そのまま楽屋へ引っ込んでしまいました。この高座がショックだったのか、これ以降の仕事はすべてキャンセル。そして絶句した高座からわずか4か月足らずの12月12日、肝硬変で世を去ってしまったのです。

いっぽう、文楽さんのライバルと呼ばれた古今亭志ん生さんの芸風は自由奔放でした。酔っぱらって高座で居眠りをしたという伝説まで残しています。高座で噺の登場人物である侍の名をど忘れしたときも、**「そのお侍さんの名前は……ううん、どうでもいい名前です」**と言って、大爆笑をとっています。

そんな志ん生さんの最後の高座は1968年のこと。『二階ぞめき』という噺を始めたはずなのに、途中から『王子の狐』という噺に変わってしまいました。楽屋に戻ってから、それをマネジャーでもあった娘に指摘されて以来、こちらも二度と高座に上がることはなく、5年後に世を去りました。

ど忘れって、ときに命取り。千社札シールくらいで防げるなら有り難い話です。

Point
ポイント

小さな気遣いが大きな助けとなる

手塚治虫が、虫プロ倒産でも大復活できた理由

奇跡の復活劇のスタートになったこととは？

「漫画の神様」と呼ばれ、全盛期には10本を超える作品を同時進行していたという手塚治虫さん。

しかし、時代の変化とともに「絵が古い」と言われるようになり、人気が低迷。1973年には、手塚さんのアニメ制作会社「虫プロダクション」（以下虫プロ）が倒産してしまいます。

Question
問題

虫プロの倒産があったにもかかわらず、手塚さんはあることをスタートさせて、人気復活を果たします。そのあることとは何でしょう？

ヒント
それがきっかけで、ふたたび複数の連載をかかえることになります。

Answer

答え

『週刊少年チャンピオン』で新連載『ブラック・ジャック』をスタートさせた。

▼手塚治虫さんは、漫画といえばまだ4コマ漫画が主流だった1947年に、『新宝島』という作品で、漫画に映画のようなカメラワークを導入し、革命を起こしました。

その後は、『ジャングル大帝』『鉄腕アトム』『リボンの騎士』など、次々とヒットを飛ばし、「漫画の神様」と呼ばれます。

しかしそんな手塚作品も、時代とともに古さが目立つようになり、人気も低迷。いっぽう、世の中は『巨人の星』に代表される「スポ根(スポーツ根性)もの」と呼ばれる漫画が流行り、「手塚の時代は終わった」と言い出す編集者まで現れるようになってしまいます。

こうしたなか、手塚さんは、「『巨人の星』のどこが面白いのか教えてくれ」「自分にはどうしてもスポ根は描けない」と、いろいろ悩むうち次第にスランプに。

自分のアニメ制作会社である虫プロで、ライバル視していたスポ根『あしたのジョー』をテレビアニメ化することになったのも、かなりの屈辱だったはずです。

そして、1973年11月5日、虫プロは、とうとう倒産してしまいます。虫プロ倒産のニュースは新聞でも大きく取り上げられ、「一世を風靡《ふうび》した手塚治虫も、もう終わりだな」と感じた人も少なからずいたのです。

しかし手塚治虫は、目を疑うような強烈な再スタートを切ります。『少年チャンピオン』の1973年11月19日号で、『ブラック・ジャック』の新連載をスタートさせたのです。この作品が画期的だったのは、毎回毎回、質の高い読み切りストーリーだったこと。

実は、それもそのはずで、当初の予定では4回か、せいぜい5回の集中連載で終了する予定だったとのこと。それが、**第4話で初の巻頭カラーを獲得。人気が出てきて、なし崩し的に正式連載することになった**のだそうです。

連載前、**「少年誌に医者を主人公にした漫画を連載して、読者に受け入れられるのか?」と不安視されたこの作品のヒットをきっかけに、**漫画の神様は再び、『三つ目がとおる』『アドルフに告ぐ』などのヒット作を連発。**自身の名作『火の鳥』のごとく、あざやかな復活を遂げた**のです。

▼生前、「（漫画の）**アイデアだけはバーゲンセールをやりたいくらいあるんだ**」と語っていた手塚治虫さん。その言葉を裏づけるように、『ブラック・ジャック』の連載時も、毎回、複数のアイデアを思いつき、スタッフに「どれが面白い？」と聞くこともしばしばだったといいます。

毎週、読み切り作品を描くなど、並の漫画家にはとてもできないこと。それを別の作品と同時進行でこなしていたのですから、今さらながら本当に驚かされます。

Point
ポイント

悔しんでいる時間、不安になっている時間があるなら、次なる手を即実行に移す

自分の研究所が全焼したときのエジソン

火事を見ながら、息子に言った意外な言葉

生涯に2000件を超す特許を取得し、「発明王」と呼ばれたトーマス・エジソン。その研究所が1914年に火事になります。

幸い、犠牲者は出ませんでしたが、化学薬品などが多かったために火の回りが早く、研究所も資料も、すべてが灰になってしまいました。

Question
問題

その火事のさなか、燃えさかる研究所を見つめるエジソンに息子が声をかけると、エジソンは息子に向かって意外なことを言いました。さて、エジソンは燃える研究所を前にして、何と言って息子を驚かせたでしょう？

ヒント 実はエジソン、ぜんぜん落ち込んでいませんでした。

Answer
答え

「母さんはどこだい？　すぐに見つけてここに連れてきなさい。こんな大きな火事を見るチャンスはめったにないからね」

実はエジソン、6歳のときに、自分の実家の納屋に火をつけて火事を起こしたことがあります。

なぜそんなことをしたのかと問われたエジソン少年は、こう答えたとか。

「たき火をしているうちに、火がどんなことをするか見たくなった」

好奇心旺盛なエジソン少年にとって、炎は実に興味深い実験の対象だったのです。

もちろんこのときばかりは、温厚な父親も激怒し、幼いエジソンをムチで打ったと伝わっています（今なら立派な虐待ですが……）。

そんなエジソンでしたから、自分の研究所が火事になったときも、喪失感より、好奇心のほうが勝ってしまったんですね。

「こんな大きな火はめったに見られない、妻にも見せてあげたい」

そんな一心から出たのがこの言葉だったのでしょう。

それだけではありません。火事の最中に父親に電話をして、**「今、ウチの研究所が火事なんだけど、花火みたいにきれいだから、火事を見ながら一杯やりませんか？」**と言ったという話が残っていますから驚かされます。

エジソンは、研究所なんてまた作ればいいと思っていたのです。

事実、全焼した研究所の焼け跡で、**「火事というのはありがたいね。今までの失敗をすべて灰にしてくれた。またゼロからスタートできることを神に感謝しなければならないな」**と言ったといいます。

そして、火事について記者から質問されたときにはこんな回答をしています。

「自分はまだ67歳でしかない。明日からさっそくゼロからやり直して、今まで以上に立派な研究所を作る。落ち込んでいるヒマなどない」

いやはやなんとも、「自分はまだ67歳でしかない」というのがいいです。

ちなみにこの火災のとき、夜の暗闇のなかでの消火活動に苦労する消防隊員たちを見ていたエジソンは、のちにサーチライトを発明したのだとか。

エジソン、あなたという人は……。

すべてを失っても、命さえあればやり直しが可能です。かえって身軽になれてよいくらい。

積み上げてきた何かを失ってしまって、絶望しそうになったときに、ぜひ真似したい考え方です。

Point
ポイント

スタートに年齢は関係なし。
たとえすべてを失っても、ゼロからまた始めればよい

おわりに

明日は、「AかBのどちらを選ぶか」で変わる

最後まで読んでいただき、ありがとうございました。

「知識クイズ」でも「謎解きクイズ」でもないクイズの数々、楽しんでいただけましたでしょうか?


「はじめに」でお伝えした通り、私たちの人生は、「答えのないクイズ」の連続です。

そして、そんな「答えのないクイズ」においては、Aを選ぶか? Bを選ぶか?

どんな答えを選択するかによって、未来はどんどん変わってしまうのです。


スティーヴン・スピルバーグ製作総指揮の映画『バック・トゥ・ザ・フューチャー』(ロバート・ゼメキス監督)は、まさにそういう映画でした。

主人公のマーティが、デロリアン(マーティの親友である科学者・ドクが発明した自動

車型のタイムマシン）で過去に行き、そこで「ある行動を選択する」たびに、未来が変わってしまう。

それこそ、たった1つの行動が違っただけで、未来の自分のお父さんの性格が変わったり、住んでいる町の様子が変わったり……、いや、それどころか自分の存在さえ危うくなったりします。

もちろんそれは、映画の話。

でも、「どんな行動を選択するか？」によって、未来が変わってしまうのは、現実世界においても、まぎれもない「不都合な事実」です。

映画と違うのは、**残念ながら私たちは、デロリアンを持っていない**ということ。マーティのように、過去に戻ってやり直し、未来を修正することはできません。

だからこそ、**今、この瞬間の選択が勝負**なのです。

私自身、自分の人生を振り返ると、「あのときが人生の分かれ道だったな」と思える場面がいくつも浮かんできます。

くわしくは書きませんが、そのときの選択を1つでも間違えていたら、今、こうして本を書いている自分は存在していません。

この本には、そんな人生の重要な選択の場面や、壁にぶつかったときなどで、状況を見極め、ちょっとしたアイデアや発想の転換で、よい方向へ向かう選択をした人たちの事例をたくさん載せました。

この本でクイズ形式によって紹介したエピソードが、あなたの未来を左右する選択の際に、1つでもお役に立てれば幸いです。

西沢泰生

参考文献

『パン屋ではおにぎりを売れ』柿内尚文著　かんき出版
『営業の苦手意識がなくなる本』浅川智仁著　かんき出版
『売れないものを売る方法？　そんなものがほんとにあるなら教えてください！』川上徹也著　SBクリエイティブ
『できるリーダーになれる人は、どっち？』林健太郎著　三笠書房
『真実の話』池田真実著　南日本新聞開発センター
『丸亀製麺はなぜNo．1になれたのか？』小野正誉著　祥伝社
『最後はなぜかうまくいくイタリア人』宮嶋勲著　日本経済新聞出版
『コンペ300戦無敗のトップエンジニアが教える 理系の仕事術』井下田久幸著　かんき出版
など